AF408374

Los Albores del Imperio

Daniel Estulin

CONTENIDO

PRESENTACION

Nada es más difícil que saberse contemporáneo de la historia. Hemos aprendido a conocer la historia, años y hasta siglos después de acontecida porque no sabemos insertarnos en el discurrir del mundo de manera protagónica, y tenemos que esperar que se agoten y se terminen los tiempos para conocer y además, conocer solamente de una manera cronológica, los acontecimientos que se han sucedido de mayor magnitud e impacto, dejando por fuera el conocimiento de los hechos colaterales que la más de las veces son los que causan o dan sentido a los grandes eventos que marcan la historia de la humanidad.

¿Pero es que podría lograrse aprehender la contempo-raneidad de la historia? La comunicación es el proceso social por excelencia: "Cambiése su forma y sus medios y al punto cambiará la naturaleza de los grupos y el ejercicio del poder", dice Serge Moscovici en la Era de las Multitudes (1985). En efecto, entre los cambios que ha provocado la evolución de las comunicaciones lo nuevo es la configuración de un público receptor que no es ni individual, ni cercano ni simultáneo sino por el contrario, disperso pero no distinto; y son los medios los que van en busca del público para reunirlos y asemejarlos. La novedad es entonces −como dijo G. Tarde - la extensión indefinida del público que contrario a las multitudes, no cesa de crecer.

Una manera de incluirnos en el protagonismo de la historia es precisamente el reto del reconocido escritor y analista político, **Daniel Estulin** cuando se propuso mediante una conversación audiovisual la transmisión comunicacional por las redes digitales de **Los Albores del Imperio** que es un discurso de transmisión indefinida, en cincuenta y dos Capítulos que recopila la presente publicación, y que alcanzó a reunir periódicamente dos veces por semana, un público de extensión indefinida, angloparlante de América y Europa, durante seis meses en los años 2020 y 2021. Se estima que 23,5 millones de personas vieron la transmisión audiovisual de esta publicación cuyo fin impreso es ahora de uso propedéutico.

En **Los Albores del Imperio** hay un mensaje implícito que despierta en el público la conciencia de un pueblo irredento cuyo sometimiento paulatino y progresivo ha sido causante del adormecimiento de los pueblos, y **Daniel Estulin** nos revela que ello no es producto de una generación espontánea; sino por el contrario de la planificación del poder único con expansión imperial universal que ha caracterizado la historia de los Estados Unidos de Norteamérica.

Los temas tratados dentro de una perspectiva histórica develan también su permanencia inmanente en la actualidad, al punto que cual laboratorio vivencial se pueden seguir apreciando de manera contemporánea. Tal es el tono, el énfasis y la intensidad del discurso que puede observarse en transmisión digital; y ahora por escrito, al leerlos reposadamente dentro de esta publicación que se edita en Caracas, Venezuela (2022).

Los Capítulos recopilados en esta obra invitan al lector a la reflexión individual; surge ahora el momento de realizarse las preguntas y de ampliar el conocimiento, de releer y de comparar eventos. Aunque el lector se sitúe geográficamente en distintos países, las repercusiones del discurso pueden extrapolarse porque tiene vigencia global, tales temas son: **La Amenaza del Fascismo en USA y las Cloacas del Poder** (detrás del salón de los Bush y el lado oscuro de la historia); ¿Quién está al Mando detrás de la Cortina? (desenmascarando el poder detrás del trono); **Las ONG´s al acecho del poder, herramientas de sometimiento** (las verdaderas intenciones de las ONG´s norteamericanas en el juego político universal); **La Lucha entre el Proyecto Satanista vs el Humanista** (los planes satánicos de la élite global); Endeudarse e Imprimir **Un Sistema por Estallar** (las claves de supervivencia de un sistema al borde de la explosión que sigue imprimiendo); **Globalismo al Regionalismo** (Opciones que tiene el sistema de mutar hacia un modelo más sustentable); **Latinoamérica Polo del Mundo Post-Crisis** (Cómo financiar los proyectos de una Latinoamérica hacia un polo post-crísis); **Manual para aniquilar una nación** (FMI y Consenso de Washington); **Consenso de Washington y FMI: la fórmula del Desastre** (revela la fatal simbiosis entre el Consenso de Washington y el FMI para los países en desarrollo); **Política en USA: Narcotráfico y Lavado de dinero** (sobre la campaña Presidencial, el narcotráfico y el lavado de dinero); **Sistemas Económicos: Política de Dos Contornos** (Lo que nunca te contaron de la economía soviética los medios de comunicación y los historiadores); **Hay un Golpe Financiero Global en Desarrollo** (Cómo EE.UU. cooptó el mundo); **Las Cancillerías y la Guerra Hibrida Mundial** (El papel de las Cancillerías como elementos de ataque en la Guerra Híbrida); **La Trampa Criminal de la Dolarización** (Las razones por las cuales la dolarización es una trampa peligrosa); **La Cosecha Globalista de Sociedades sin Valores** (La estrategia globalista de cultivar sociedades sin identidad como arma peligrosa de impacto profundo); **La Patada final al Dólar y la Globalización** (el fin del dólar como base monetaria actual); **La siniestra relación de los Bancos, las Drogas y el Lavado de Dinero** (macabra relación entre el Narcotráfico, los Bancos y el Lavado de Dinero Global); **Criptomonedas: Operación de Humos y Espejos** (El peligro de las Criptomonedas para los Estados Nación y la Volatilidad de ese tipo de alternativas al sistema); **Sistemas Económicos: La Sociedad Neofeudal** (diferencias entre sistemas neofeudales, socialismo y globalismo); **El Espejismo del Crecimiento Globalista** (Crisis Sistémica Occidental Capitalista); **Los Grandes Medios y el omplejo Militar Industrial** (la relación de los grandes medios con la élite liberal banquero financista); **Sinar-quismo: Proyecto Global Financista**... Entre otros más.

La narración en vivo de los acontecimientos que hace **Daniel Estulin** en **Los Albores del Imperio,** nos sumerge directamente en una serie de factores conexos y concomitantes que se hacen evidentes consecutivamente, y que se experimentan de nuevo a través de los recuerdos y las vivencias que nos evocan. El público de **Daniel Estulin** llega a conformar una masa crítica capaz de mantenerse alerta no solo para develar los planes siniestros del gobierno mundial planetario sino también para oponerse y rebelarse contra ellos; pudiéndose adquirir una capacidad de anticiparlos dado la agudeza del análisis crítico que se aprende del conductor.

El contenido ético del discurso de **Daniel Estulin**, siempre en pro y en defensa de los valores Humanistas conforma una comunidad de pensamiento dado el contagio de poder que conlleva compartir ideas, pensamiento y deseos. Un público consecuente es un alumnado permanente capaz de intercambiar un lenguaje común, seguir un destino común, y protagonizar la historia para no vivirla como una "manada de borregos" arreados por una ruta impuesta bajo sumisión del poder manipulador.

También, la formación profesional de **Daniel Estulin,** en grado de coronel le permite servirse de una información reservada que pone al servicio del Bien Común; y además, su titulación como doctor en inteligencia conceptual, le autoriza divulgar un conocimiento políticamente no- polarizado sino resultado de la aprehensión conceptual de las ideas, las acciones y los comportamientos que observa pautados a lo largo de la historia, para exponerlos y analizarlos frente al público en un contexto actualizado; pero también, en la perspectiva de su discurrir natural con proyección futura para de esta manera hacer emerger en el público el "libre albedrío", con el fin de que se seleccione (y nunca se imponga) el futuro a seguir voluntaria y concientemente. Esta es la apuesta del conductor del Programa, **Daniel Estulin.**

El impacto del Programa así concebido en **Los Albores del Imperio** para consumo de los pueblos del subdesarrollo económico latinoamericano, provoca en el público una sacudida porque la narración audiovisual adquiere el tono de denuncia enervando en el público sentimientos de justicia y ética. Hay un contagio sensorial entre las personas del público (aunque estén dispersas) reunidas digitalmente en la distancia; y esta reacción emotiva se imprime en los comentarios personalizados que se hacen durante la transmisión o al final. Y he aquí la novedad de la difusión del discurso cuyo mensaje es captado inmediatamente.

Los expertos en sicología social ya se han preguntado. ¿Cómo es que puede pretenderse que un público que no se ve, que no se frecuenta, que no se conozca, y que no se relacione pueda asociarse? ¿Qué vínculos se establecen entre las personas que se encuentran diseminadas en diferentes lugares y sobre un vasto espacio geográfico y haciendo diferentes tareas en el momento de la transmisión? Pues están asociadas porque precisamente forman un público, y cada una de ellas está convencida de que comparte en ese mismo momento una idea, un deseo, una meta...con un gran número (miles, millones) de semejantes (Serge Moscovici). Es comprensible que la unión hace la fuerza.

La relación entre el conductor y su público a la distancia, convocados a una hora y en un día determinado, unidos por la impresión absolutamente subjetiva de estar vinculados por un hilo invisible y desconocido, hace fascinante la conexión, al punto de llenar vacíos de liderazgo social que puede ser visto positivamente porque diluye el riesgo de anarquía y/o de anomia social. Con razón decía G. Tarde: "En tiempos de guerra, clases, oficios, sindicatos, partidos, nada puede ya subsistir de los grupos sociales en Francia, como no sea el ejército francés y el público francés". El público llega a catalizar y reducir las diferencias entre clases, religiones, partidos, razas y nacionalidades; en cierto modo es la reducción del pueblo, su denominador común; y aunque no disuelve los intereses de grupos -que se mantienen ocultos o agazapados- logra apaciguar su belicosidad o por lo menos aplazarla. El individuo inserto en un público aprende fácilmente a vivir en estatus de ciudadanía al compartir valores y deseos similares con sus co-habitantes; y lo más curioso, no deja de pertenecer a un público sino para entrar en otro.

La publicación de **Los Albores del Imperio** da testimonio de una edición que contiene la planificación compleja de un ambicioso Programa académico-social con visión geopolítica, todavía en desarrollo porque persigue la construcción de un modelo de espacio político social regional sustentado en los valores de la historicidad cultural latinoamericana, y que pueda servir además de modelo de desarrollo sustentable basado en la inmediatez de nuestros recursos naturales optimizados con el reto de posibilitar el Bien Común y Bienestar de los pueblos emancipados por El Libertador Simón Bolívar. Podemos decir con agradecimiento patriota que este Proyecto civilizatorio es la ofrenda de **Daniel Estulin** a la acogida que le han dado los pueblos de América, y a la afectiva alianza que emana de ello.

El poder de la palabra es el instrumento de convicción por excelencia para la realización del Proyecto civilizatorio anhelado. Solo queda decir como Napoleón Bonaparte, el Grande: "Quién puede decirlo todo, llega a hacerlo todo".

Carmen Zuleta de Merchán
Mayo 2022
Magistrada de la Sala Constitucional
del Tribunal Supremo de Justicia
Venezuela

Bienvenidos a
Los Albores del Imperio

Bienvenidos al primer programa de los Albores del Imperio. Creo que es necesario empezar afirmando los valores que yo considero importantes para mí como ser humano, padre de familia, y una persona comprometida con el Bien Común y la justicia. Muchas cosas de nuestro entorno me preocupan. Me preocupa mi país, mi país que me enseñó todo lo que yo sé, y lo que soy. Me preocupa lo que veo y siento porque entiendo las consecuencias del degrado a mi alrededor. Y sugiero que cada uno de ustedes, viendo mi espacio, nuestro espacio, porque somos ya una gran comunidad de cientos de miles de personas, reflexione con mis palabras sustituyendo mi Rusia amada por sus respectivos países, sus Patrias y sus respectivas problemáticas.

El degrado, no solamente en Rusia sino que es a nivel planetario que lo estamos viendo, y solo ocurre cuando la ideología ha sido expulsada de la Constitución, de la escuela y de los hogares. Expulsar una ideología es, de hecho, delegar el derecho a reemplazarla por otra, foránea y ajena a nuestros valores ancestrales. La ideología en la escuela es un sistema de educación y responsabilidad personal. Hoy en día, no existe más. Los Soros de este mundo nos obligan, nos imponen a ser tolerantes con los pedófilos, los asesinos, los apátridas, los terroristas, los violadores y los degenerados. Y sin una ideología fuerte, sin creencias ni convicciones fuertes ¿cómo vamos a resistir las embestidas de estos satanistas? Pero por otro lado, haciendo caso omiso a nuestras culturas, apoyamos a los agentes de cambio y con gusto celebramos Halloween y San

Valentín, fiestas que tienen poco o nada que ver con la mayor parte del mundo o sus culturas endógenas. En Rusia no ha habido jamás tradición de Halloween o San Valentin. Entonces, ¿por qué lo celebramos? Porque los que desean destruír nuestra cultura de más de mil años, imponiendo sus valores extraños a nuestro mundo ortodoxo, lo promueven como elemento claro de progreso.

Como resultado, los escolares crecen, primero aprendiendo que todo está mal en nuestro país porque es lo que venden los medios de masa, y el mundo liberal financista sobre todo a nivel de los símbolos; segundo, los estudiantes carecen de modelos positivos en forma de héroes verdaderos y no de pedófilos disfrazados de luchadores por los derechos de la comunidad LGBT. Según la BBC, la CNN, WSJ, The Economist, y la propaganda Occidental capitalista, la historia de Rusia, de mi Patria, −según ellos− es atraso y totalitarismo; el presente de Rusia es atraso y corrupción, el futuro de Rusia es atraso y oscuridad. Si en vez de Rusia, sustituímos el nombre del país por Nicaragua, Venezuela, Cuba, Irán, China o cualquier otro Estado rebelado en contra de los dictadores satánicos de un Occidente sumergido en un estado de descomposición, el resultado no cambia. La guerra planetaria contra cualquier modelo alternativo al satanismo occidental es total y devastadora. Lo que la propaganda incesante ha conseguido, es el vacío de emociones y la inexistencia de "algo real" entre los jóvenes desalmados, y esta sensación permanece, y cualquier "ismo" de moda lo satisface.

Estamos a punto de perder la generación de jóvenes de hoy. Son cínicos. Son incrédulos, pero seducidos por la propaganda de marketing bien desarrollada que ostenta el Occidente, le creen a esos delincuentes de BLM, de Antifa, a los influencers degenerados de Soros, Clintons, Obama, Bush, al demente Joe Biden, y a los pedófilos de Hollywood. Esta mala influecia no llega a las familias unidas y fuertes con valores, con ética y con amor. Esta influencia seduce a familias donde no existe confianza en los hijos, en los niños; y donde no hay amor ni valores verdaderos.

¿Qué damos a los jóvenes en lugar del vacío espiritual y moral? Por respuesta, tenemos un silencio terrorífico. Amparados por la propaganda basurera occidental, estos jóvenes tienen a sus héroes y heroínas hechura de los estudios de Hollywood o de los grandes centros del pensamiento americano: Navalny, Guaidó, Pussy Riot, el drogadicto criminal George Floyd. Los jóvenes, verdaderamente creen que estos criminales luchan por la justicia y por ellos. Nadie les explica que Rusia defiende su mundo de valores y, por tanto, está siendo atacada por enemigos que desean imponer una ideología satánica LGBT. Les han clavado en la cabeza desde la infancia el concepto de la tolerancia. Ahora, hasta Santa Claus, este viejo gordo disfrazado de producto de Coca Cola es transexual. Es decir, un ejemplo claro de la ausencia de un sistema de "amigo o enemigo".

Las élites occidentales se dieron cuenta de que se puede criar a un consumidor experto, pero este mismo consumidor resulta ser políticamente poco confiable. Es agresivo con el entorno en el que creció, incluso si tiene éxito dentro de ese entorno. Esta generación de jóvenes pusilánimes sin valores ni ética, ni sentido de pertenencia, ni amor por la patria; frustrados como son, están acostumbrados a culpar a los demás de sus fracasos.

Los titiriteros de Navalny, Guaidó, Tichanovskaya calcularon correctamente: están captando a una nueva generación, que aún no hemos identificado claramente, y no sabemos cómo hablar su mismo idioma. Estamos luchando contra la quinta columna en nuestro país. La quinta columna que habla nuestro idioma, aunque nos odió porque hubiesen preferido nacer en New York, o en Londres o en París. Son apátridas traidores, y nos odian porque tienen que fingir su patriotismo. Mejor dicho, tenían que fingir, ya no.

Microsoft anunció que cortará los suministros de software al complejo militar-industrial ruso. Los organismos gubernamentales están amenazados. Existe un riesgo de marcadores en equipos militares. Y de repente resulta que nuestros programadores son todos anglófilos, están mentalmente formados en el espacio global de Internet y son globalistas en espíritu y forma de pensar. Adoran a Occidente, trabajan por él, se orientan hacia él, es su Meca. Sus Dioses son Lady Gaga, Madonna, Elton John. En general, son en su mayoría opositores, son extremadamente escépticos sobre la idea de crear su propio software, no creen en él y no participarán en él con entusiasmo.

¿Os imagináis si los misiles y armas nucleares rusos, nuestros aviones y nuestros tanques fueran creados por personas que no creen en el éxito de nuestros FFAA, adoran al enemigo, desprecian a la Patria y consideran estúpido hacer algo propio? La hecatombe. Son fatalistas y vendidos. El hecho es que para crear tu propio sistema operativo, no necesitas unidades que están en el complejo militar-industrial, sino masas y masas de programadores. Casi un ejército. Y los reclutas son todos desertores. ¿Cómo vas a ganar una guerra así? ¿Cómo vas a ganar la guerra cuando los hijos de tus ministros estudian en Londres? ¿Cómo vas a ganar la guerra cuando tu mujer tiene triple nacionalidad? ¿Cuando la hija de un general de contra-inteligencia militar está casada con un ciudadano de Israel? ¿Cómo vas a ganar la guerra cuando los generales que gritan Patria, Libertad o muerte tienen negocios inmobiliarios en Washington DC, o concesionarios de carros en Carolina del Norte? ¿Cómo?

Además de programadores, nuestros globalistas son economistas y profesores de lenguas extranjeras. Están inmersos en una atmósfera de amor por la cultura occidental. Los economistas estudian economía y leen a los gurús estadounidenses, profesores de lenguas extranjeras en su cultura. Para ellos, Londres con su Big Ben y Westminster Abbey no es sólo la capital de Inglaterra, sino el mundo entero, incluído el barrio, donde lamentablemente y a su pesar, viven. En Rusia, "sólo" recibieron conocimientos y sin embargo fueron criados por el medio ambiente y su cultura Occidental. Y sueñan con hacer en Moscú en Ekaterimburgo lo mismo que harían en Londres o New York. Y lo peor es que su país natal está tan degradado que no se les exige un comportamiento diferente o digno a favor de la patria.

Nuestro sistema educativo ha dejado de ser un asunto privado de profesores y padres. Poco a poco se está convirtiendo en una fragua de cuadros de oposición. Y cuanto más funcione, más difícil será convertir en patriotas a las personas que han crecido en este entorno. Este no es sólo un problema moral, sino también una amenaza para la seguridad nacional. Sin ideología, no se desarrollan tácticas astutas, sino oportunistas y traidores sin principios.

Un día estos traidores, se sentarán frente a los botones de los cohetes nucleares, en los escritorios de los máximos dirigentes de la política nacional. Ya no fingirán ser patriotas, dirán una cosa desde las gradas y llevarán a sus familias al campamento del enemigo principal. Son honestos y directos y desprecian la simulación. Y, por lo tanto, simplemente entregarán el país al enemigo, como lo ha hecho uno de los más grandes traidores de nuestra Patria, Gorbachev. Ellos lograron aprender lo peor de su tierra natal, y descartaron todo lo bueno. Repito, no solamente se trata de Rusia. En juego esta nuestro mundo.

Los ortodoxos, musulmanes, y judíos deben saber que el *modus operandi* del IV Reich bajo las banderas LGBT de Soros y Rockefeller, primero establece sus derechos y leyes (ONU, UNESCO, OMS, Covid para ayudarlos). Después, vienen por nuestros hijos (por vía de su justicia juvenil, el derecho de aborto, el degrado de la educación, la violencia doméstica); y al final proscribe a los que creen en una familia sana, en la moral, la ética, la educación, el bienestar, la justicia; y nos envíarán a campos de concentración con identificadores digitales, vacunas, pasaportes covid; mientras que los satanistas, bajo los signos de la tolerancia, nos desearán la muerte. Esto nos espera pronto, a menos que estemos dispuestos a luchar y a morir si hace falta, en nombre de la Humanidad.

Las ONGs

Me gustaría familiarizar a mis lectores con las Organizaciones No Gubernamentales, las ONGs, las principales puntas de lanza para el desmontaje de los países no alineados con los caprichos del Estado Profundo. Por ejemplo, en todas las "revoluciones de color" en el espacio post-soviético, ocurridas entre 2003 y 2018, las ONGs jugaron un papel crítico, demostrando que son el mecanismo más efectivo para organizar golpes de Estado. Son las ONGs las que brindan apoyo material y organizativo a las fuerzas de oposición, ayudan a crear partidos políticos, capacitan a activistas, y promueven movimientos de oposición. En la jerga política de las ONGs, estos procesos desestabilizadores los llaman "la democracia para la exportación".

Las corporaciones transnacionales estadounidenses son patrocinadoras activas de estas ONGs. Y si de repente resulta que es imposible influír en los procesos políticos internos, entonces los patrocinadores cambian su "revolución de color" por una política de "aislamiento de un país", tal como lo hemos visto desde 2011 aplicado a Rusia, cuando todos los intentos de desestabilizar al país no tuvieron éxito.

Se está librando una guerra híbrida 6.0 contra cualquier país no alienado con la élite globalista parasitaria; una guerra apoyada con la participación de estructuras que parecen completamente pacíficas, y exteriormente no conectadas ni con instituciones estratégicas ni con los servicios de inteligencia. Ahora bien, ¿qué es la "democracia para la exportación" en términos estadounidenses?

Resulta muy llamativo que el nombre de cada organización que intentó "restaurar el orden" en Rusia incluyó la palabra "democracia", que fue un verdadero mantra en los años 90. ¿Os acordáis de lo que Joseph Stalin dijo una vez sobre la democracia?: "Siempre pensé que la democracia es el gobierno del pueblo, pero el camarada Roosevelt me explicó claramente que la democracia es el gobierno del pueblo estadounidense". Y Bernard Shaw dio su definición como siempre, con humor e ironía: "La democracia es un globo que cuelga sobre tu cabeza, y te hace mirar hacia arriba mientras otras personas hurgan en tus bolsillos".

Allen Weinstein, uno de los organizadores de la Fundación Nacional para la Democracia, de repente se expresó con demasiada franqueza: "Gran parte de lo que hacemos hoy, hace veinticinco años, era tarea de la CIA". ¡Increíble franqueza! Pero todos aprendimos que la "democracia para la exportación" es todo un trabajo de inteligencia, y por lo tanto de sabotaje, de vigilancia, de escuchas, de sobornos y de violencia.

Las empresas transnacionales estadounidenses son patrocinadoras activas de las ONGs antigubernamentales. Hoy en día ya no es ningún secreto que las autoridades estadounidenses gasten más de dos mil millones de dólares al año para promover la degeneración que ellos llaman orgullosamente "su democracia" en otros países, bajo el pretexto de "proteger" los intereses de Estados Unidos, y de "garantizar la seguridad nacional".

La Agencia de los Estados Unidos para el Desarrollo Internacional, la conocida USAID, es quizás la principal patrocinadora de las "revoluciones de color". Su presupuesto anual es de más de $40 mil millones de dólares. El dinero, por supuesto, lo asigna el gobierno de Estados Unidos, y lo envía a varias ONGs. USAID financia, por ejemplo, una organización como la Fundación Nacional para la Democracia de los Estados Unidos. La fundación fue originalmente un proyecto del Director de la CIA, William Casey. Esto explica la cita anterior de quien desarrolló la NED, Allen Weinstein. Como referencia: El fondo, financiado por el gobierno de Estados Unidos a través de la USAID, ha apoyado a los movimientos de oposición Solidaridad en Polonia, Charter 77 en Checoslovaquia, y Otpor en Serbia.

La Fundación Nacional para la Democracia tiene como misión la de "promover el establecimiento y desarrollo de la democracia y la libertad en todo el mundo". Ahora bien, encendamos las neuronas. ¿Le importa la libertad de los pueblos a la élite del Estado Profundo violento, corrupto y parasitario? Según las encuestas, más del 80% de los estadounidenses no son capaces de encontrar a Bielorrusia ni a Ucrania ni a Australia en el mapa... ¿Son esa gente, los mongólicos gringos decerebrados, los que mastican su comida con la boca abierta, comen con las manos, y se chupan los dedos... quienes están preocupados por nuestro bienestar? ¿Es eso, lo que se quiere decir?

Os quiero recordar que el presupuesto anual de la Fundación Nacional para la Democracia, es de más de $100 millones de dólares anuales; y entre sus patrocinadores se encuentran las mayores corporaciones estadounidenses: Chevron, Coca-Cola, Goldman Sachs, Google, Microsoft; así como la Cámara de Comercio de Estados Unidos.

La organización hermana, Freedom House cuenta con un presupuesto anual de aproximadamente $30 millones de dólares. Durante mucho tiempo, esta organización, que bajo el pretexto de "investigar los cambios democráticos en el mundo, apoyar la democracia, y proteger la democracia y los derechos humanos", en realidad, está organizando "revoluciones de color" en diferentes partes del mundo y fue dirigida por el ex-jefe de la CIA, James Woolsey.

Quizás podríamos hablar también del Instituto Republicano Internacional (IRI), que aparentemente brinda "asistencia a países en la construcción de la democracia". IRI trabaja en estrecha colaboración con el Departamento de Estado de los Estados Unidos, y la USAID. El presupuesto anual del IRI supera los $50 millones de dólares y las oficinas de este instituto están abiertas en al menos treinta países del mundo; entre ellos, todos los países de Asia Central post-soviética, justo donde hemos visto el mayor numero de "revoluciones de color".

¿Conocéis al Instituto de Estados Unidos para la Paz? Otra organización maravillosa, que es un organismo federal de Estados Unidos, financiado por las arcas del gobierno, por el Congreso, el Departamento de Estado, y la USAID y supuestamente está involucrado en: "estudiar formas de resolver conflictos mundiales". El presupuesto total es de aproximadamente $40 millones de dólares por año. Repito, la misión critica de todas estas ONGs estadounidenses es la "promoción de la prevención de conflictos". Alguien me podría mostrar el país en el que estas organizaciones evitaron algún conflicto, y no lo iniciaron. ¿En Libia?; tal vez en Siria, en Yemen, en Afganistán, en Irak, ¿dónde?

Otra organización que se dedica en cuerpo y alma a "construir la paz", es el Centro de Acción y Estrategias No-violentas (CANVAS); creado en 2004 en Belgrado por ex activistas del Movimiento Otpor. O sea, del mismo movimiento que derrocó a Slobodan Milosevic en 2000. CANVAS busca educar a los activistas a favor de la democracia en todo el mundo, sobre "los principios universales del éxito en la lucha no-violenta". Es decir, el manual de Gene Sharp.

La capacitación y la metodología CANVAS han sido aplicadas con éxito por grupos en Georgia (2003), Ucrania (2004), Líbano (2005), Maldivas (2008), Egipto (2011), Siria (2011), y nuevamente en Ucrania durante el Maidan en 2014. ¿Os acordáis?, es la "democracia participativa" de los nazis ucranianos que quemaron vivos a más de cien personas escondidas en el edificio de la Casa Sindical, huyendo de los radicales extremistas. El símbolo de la organización, un puño cerrado, se pudo ver durante los disturbios en muchos países del mundo, incluído el propio Estados Unidos durante los disturbios de los terroristas de ANTIFA y BLM.

Aunque CANVAS se estableció en Belgrado; en realidad, opera bajo los auspicios de la Casa de la Libertad y la Fundación Nacional para la Democracia. Financiada, entre otros, por la George Soros Open Society Foundation, el Instituto Republicano Internacional, y el Instituto Albert Einstein.

Una de las organizaciones "caritativas" más famosas del mundo es, por supuesto, la Fundación George Soros Open Society (OSI). Parece que la Fundación Soros apoya programas en el campo de la educación, la cultura, la salud, etc. Sin embargo, si empezamos a contar los muertos gracias a los esfuerzos de la Sociedad Abierta de instalar su "democracia participativa", llegaríamos sin dificultad a los millones de victimas mortales.

¿Sabéis cuál es el presupuesto de la Sociedad Abierta de Soros? Es de $19 mil millones de dólares estadounidenses. Permítanme recordarles el curriculum vitae de este benefactor mundial. Cuando era un niño junto con su padre en la Hungría ocupada por los alemanes, Soros avisaba a los nazis donde vivían o se escondían los judíos. No lo estoy inventando. Lo ha confesado con orgullo el mismísimo Soros. Está en YouTube. Podéis verlo. ¿Por qué lo ha hecho? –le preguntó el periodista atónito–. Porque iban a morir de todos modos, le dijo Soros: "Así, gané dinero".

Seguimos. El Fondo Monetario Internacional y el Banco Mundial también son instrumentos eficaces para promover los intereses estadounidenses en el mundo. De hecho, ambas organizaciones son asesinos financieros, que forzan a los países débiles o los que poseen amplios recursos naturales, a endeudarse exigiéndoles que se aseguren los intereses estadounidenses.

El llamado "periodismo independiente", también está involucrado en "promover la democracia", a cambio de dinero, obviamente. De hecho, muchos de estos "periodistas independientes" están directamente asociados con servicios de inteligencia extranjeros, sobre todo la CIA, MI6 y Mossad, lo que ayuda a promover los intereses del Estado Profundo en muchos países.

Un ejemplo llamativo de esto es la Agencia de los Estados Unidos para los Medios Globales (USAGM), cuyo objetivo principal es entregar "noticias e información confiable" a audiencias estratégicamente importantes de países extranjeros; pero de hecho, USAGM proporciona "información dependiente de los intereses de

USA", declarando *a priori* información oficial en los países enemigos "engañosos". ¡El presupuesto de la agencia es de $800 millones de dólares al año!

Queda claro cómo funcionan las ONGs y, lo más importante, para qué funcionan. Y cuando hay una falla en la cadena, cuando se pierde influencia, como fue el caso por ejemplo, después del famoso discurso de Putin en Múnich 2007, otros mecanismos comienzan a funcionar, se usa el aislamiento del país, el boicot, las sanciones... alegando "violación de los derechos humanos", etc.

Pero también utilizan la metodología más sutil. Por ejemplo, USAID "trabaja" con los jóvenes en los países que quiere desestabilizar a través de becas. El trabajo con los jóvenes se lleva a cabo de forma coherente, agresiva, y en todas partes. Por ejemplo, uno de los mayores criminales en la Rusia post-soviética es el billonario Mikhail Khodorkovsky quien participa activamente en el trabajo ideológico vía la Fundación Oxford de Rusia.

Si creemos a la Fundación Oxford de Rusia, no existe ningún intento de desestabilización ni de programas ideológicos Simplemente, siendo buenos capitalistas, los billonarios idealistas, son muy caritativos pagando a los estudiantes rusos de 20 años, $1.300 dólares al mes; es decir, el doble de lo que gana un médico ruso con postgrado. Creo que, debería ser obvio para qué sirve este dinero.

Para resumir, tenemos una imagen muy interesante. En 2020, a la USAID se le asignó $40 mil millones de dólares del presupuesto de Estados Unidos. De este dinero, $661 millones de dólares están destinados a "contrarrestar la influencia maliciosa de Rusia en Europa, Eurasia y Asia Central". Y $112 millones de dólares para potenciar una respuesta rápida y estabilizar las democracias emergentes. Todo esto son datos del sitio web de la USAID.

Este es el dinero que se invierte en los ciudadanos rusos para que contrarresten la influencia de Rusia en la vida de Europa, Asia y Eurasia. Lo mismo podríamos decir de los intentos de desestabilizar a China, Irán, Venezuela, pero también a los mismísimos aliados de USA, vía terrorismo islámico en el Norte de África, Oriente Medio, Asia Central. ¿Por qué lo estamos tolerando? Debemos entender que si no tomamos medidas drásticas, será demasiado tarde. Y las mismas personas que aprendieron a "amar a la Patria" por $1.300 al mes, abrirán las puertas desde adentro sin siquiera saber lo que están haciendo. Os estoy hablando a ustedes, los "escuálidos venezolanos", los traidores liberales rusos, la quinta columna en China que sueña con derrocar a Xi. ¿Seguis pensando acaso, que el objetivo de todos estos traidores —porque es lo que son—, traidores por así decirlo, llevarán a nuestros países a una sociedad civilizada?

Para terminar, en un Estado donde se ha perdido el concepto del pecado y de la vergüenza, el orden sólo podrá mantenerse mediante un régimen policial y de violencia. Hoy vemos que el mundo ha perdido estos conceptos de pecado y de vergüenza. Ni siquiera quisiera fantasear en cómo podríamos terminar, si el mundo no se mira desde afuera.

NOM Y SU MODUS OPERANDI

Si descartamos todo el oropel y la basura informativa sobre los acontecimientos de los últimos días en Estados Unidos, entonces de hecho, la mayoría tradicionalista, –no solamente en Estados Unidos– quiere devolver la subjetividad civilizacional al Estado, y salir de la esclavitud de la Unión Europea neoconservadora, y de su hermano perverso satánico del país del Norte, EE.UU.

En Moscú, el Presidente Putin habló de Rusia como una civilización separada. Los polacos también se consideran una civilización separada. De hecho, tuvieron un período histórico de la Mancomunidad de Polonia-Lituania, una monarquía aristocráta federal en el siglo XVI, y se sienten orgullos de ello. Este es un deseo normal de cualquier nación no moribunda. Los alemanes quieren lo mismo, los franceses quieren lo mismo, los españoles quieren lo mismo, los británicos quieren lo mismo, y Erdogan dejó de insinuarse y empezó a actuar.

No estoy hablando del imperio de los neoconservadores, porque estos personajes siguiendo a Napoleón y a Hitler, decidieron extender su imperio de trans-humanismo bajo la bandera del LGBT al mundo entero. Y casi lo lograron. Todas las organizaciones internacionales del mundo, incluídas la ONU, la OMS, la OTAN, la Unión Europea y otras, hasta hace poco, –y tal vez ahora–, estaban y están bajo su control. Esto explica el hecho de que Trump, quien llegó al poder como un tradicionalista, buscando revivir a Estados Unidos como un gran imperio nacional, y no seguirlo manteniendo como la sede de un gobierno supra-mundial, declaró la guerra a los neoconservadores y a sus organizaciones internacionales. Y en esto, contó con la asistencia de aliados en Europa y Oriente Medio.

Para romper la Unión Europea neoconservadora, Trump firmó un acuerdo con Macron que, implementando el Proyecto de la Gran Europa desde Lisboa hasta Vladivostok, derriba la estructura de la "Unión Europea" neoconservadora. Gran Bretaña salió con el BREXIT, y comenzó su proyecto nacional.

Estamos viviendo en una época en la que ha comenzado un nuevo reformateo del Orden Mundial; y si los neoconservadores no retienen las riendas de gobierno supra mundano, seremos testigos del renacimiento de los viejos imperios. Y también de la competencia entre ellos. Este proceso ya ha comenzado. Lo estamos viendo en Polonia, en Karabaj, y en el Medio Oriente.

Por el contrario, el Nuevo Orden Mundial que están construyendo los neoconservadores no necesita un aumento de población, porque cuando gobiernas el mundo de casi 8 mil millones de personas, piensas que tan sólo mil millones son suficientes. Esta meta de reducir la población no la esconden y hablan constantemente de ello. Por el contrario, los renacientes imperios del Viejo Mundo necesitan un crecimiento demográfico que los neoconservadores han estado evitando en los últimos años con todos los trucos, desde el aborto como hasta con la creación de los grupos LGBT.

Por ahora, los neoconseravadores no han llegado del todo a los imperios... chino, indio, judío e islámico; considerándolos un objetivo de segundo orden. Su primer paso es destruir la civilización cristiana, llevando a cabo experimentos sociales para destruir el cristianismo quemando miles de iglesias, o ¿pensáis que son accidentes...? Estos satanistas se han dedicado en cuerpo y alma a destruir las tradiciones, la cultura, y la institución de la familia. Sólo en Rusia, entre 1991 y 2020, han abortado 45 millones de niños. En USA, abortan más niños negros de los que nacen. ¿Seguís acaso pensando que BLM y Antifa son luchadores por la verdad en vez de ser lo que son, terroristas y satanistas al servicio del poder?

Ahora, unas palabras sobre las elecciones presidenciales. Fíjense... en Estados Unidos no hay ni puede haber observadores externos, ni siquiera internos. No hay cámaras en los colegios electorales, no hay un registro inequívoco y rígido de votantes. En teoría, un votante puede votar varias veces. En los Estados Unidos, no existen estándares uniformes para el control y recuento de votos; cada Estado de la Unión tiene sus propias reglas y procedimientos.

Todo el sistema electoral estadounidense se basa únicamente en la fe. Sobre la creencia fantasmal en la honestidad del sistema. Pero en esencia, el sistema electoral de Estados Unidos está al nivel de los países africanos más salvajes; en términos de organización y conteo. Pero existe una diferencia fundamental entre la votación en Estados Unidos, y la votación en un lugar del África profunda.

Si en África profunda siempre se "elige" un candidato, y todos los demás son un relleno, para parecer que son elecciones democráticas, pluralismo etc, entonces en EE.UU. la garantía de legitimidad es un contrapeso a un candidato de igual fuerza, donde la honestidad del sistema está cubierta por la base competitiva del proceso electoral.

O sea, conceptualmente, no importa quién sea el ganador, ya que en Estados Unidos, los centros de control no están influenciados ni por el Presidente, ni por republicanos o demócratas, sino por la élite que ha sido moldeada por décadas de formación de Estados Unidos como un gran imperio. Pueden llamarlo gobierno en la sombra, o titiriteros, pero metodológicamente es correcto llamar al gobierno en la sombra como el de una élite que tiene nombres muy específicos, y representa a las corporaciones transnacionales más grandes que cotizan en las grandes bolsas de valores.

Estos son los titiriteros del dichoso Estado Profundo. Por tanto, cualquiera que sea quien se siente en la silla presidencial de la Casa Blanca no influye en la línea general de Estados Unidos la cual permanece sin cambios. En otras palabras, el concepto de movimiento del punto A al punto B no ha variado, pero la trayectoria de cómo llegar del punto A al B puede cambiar, dependiendo de quién esté en la administración de la Casa Blanca.

Si las elecciones de EE.UU. fueran justas y no una parodia barata como en África profunda, definitivamente ganaría Donald Trump la reelección, pero como ya dije, en cuanto a los mecanismos de conteo y organización, el proceso electoral en Estados Unidos es similar al de los salvajes países africanos. Lo único que estabiliza y equilibra el sistema es el contrapeso del fuerte campo contrario.

Son los payasos los que siempre hacen un espectáculo de las elecciones que es más un juego que una elección. La batalla en la mejor tradición hollywoodense continúa con algunas voces hasta el último momento con la mayor intriga como lo fue esta última vez. En este sentido, la sociedad estadounidense permanentemente separada de la mecha dormida de la guerra civil, pero como ha vivido en estas condiciones durante siglos, ha aprendido a utilizar "varillas de grafito" para suprimir la onda explosiva de una reacción en cadena. ¿Será capaz Trump de rebelarse y romper el juego?

EE.UU. UN PAÍS DETRÁS DE LAS REJAS

Mientras que los Estados Unidos sanciona a los miembros de la Corte Penal Internacional en la Haya, exigen que todos los países internamente respeten "los derechos humanos". En cambio, dentro de EE.UU. hace cuatro meses en Rochester, estado de Nueva York, sale un nuevo caso de un policía asesinando un hombre. Daos cuenta que en el GULAG estadounidense, más de dos millones y medio de personas se pudren en las cárceles. EE.UU. tiene un 25% de la población mundial encarcelada y solo cuenta con el 5% de la población mundial. En EE.UU. dos millones de niños son arrestados cada año, y el 95% de éllos, por delitos no violentos. Estados Unidos encarcela cinco veces más niños que cualquier otro país en la tierra. Desde 2001, uno de cada seis afro-americanos ha sufrido cárcel; y uno de cada treinta y seis hispanos, también han estado en la cárcel.

Por ejemplo, Kamala Harris, la candidata a Vice Presidenta en la fórmula de Joe Biden, desafió repetida y abiertamente las órdenes de la Corte Suprema de Estados Unidos para reducir el hacinamiento en las cárceles de California mientras se desempeñaba como Fiscal General del Estado. Trabajando junto con su ex amante, el gobernador Jerry Brown, la entonces Fiscal General del Estado, Kamala Harris y su equipo legal, presentaron mociones que fueron condenadas por jueces y expertos legales como obstruccionistas, de mala fe y sin sentido, llegando a alegar incluso que la Corte Suprema de Justicia carecía de jurisdicción para ordenar una reducción en la población carcelaria del estado de California.

La intransigencia de este trabajo legal provocó que los jueces que conocían del caso consideraran seriamente la posibilidad de declarar en desacato judicial al Estado de California. A los observadores les preocupaba que el comportamiento del Despacho de Kamala Harris hubiera socavado la capacidad misma de los jueces federales para hacer cumplir sus órdenes legales a nivel estatal, lo que llevó al sistema judicial federal al borde de una crísis constitucional. Nada de eso salió en los medios de masas.

EL NEGOCIO CARCELARIO

No debería sorprendernos que ningún evento sea más emblemático para la especulación carcelaria que el auge de las prisiones privadas. Hoy por hoy es quizás la tendencia más familiar e inquietante, y con buena razón: los incentivos económicos involucrados son obvios y atroces. Algunas de las compañías más conocidas involucradas en el negocio carcelario, habían visto sus ingresos incrementarse en más del 500% en las últimas dos décadas.

Cuantos más presos haya en el sistema carcelario, mayor es el valor de las acciones de las empresas involucradas en el negocio que cotizan en Wall Street. Por ejemplo en 1996, cuando Cornell salió de la bolsa, sus acciones valían $24.241 por cama. Esto significa que por cada contrato que Cornell llegó a cerrar al albergar a un preso, sus acciones subían en valor en un promedio de $24.241. No debería de extrañarnos que un preso condenado a 20 años de cárcel tuviera un flujo de caja de 20 años asociado a su encarcelamiento, en lugar de uno con un periodo de encarcelamiento mucho más corto; o uno con derecho a libertad condicional. Esto significa que el gobierno de EE.UU. ha mantenido un número significativo de intereses privados –empresas de inversión, bancos, abogados, auditores, arquitectos, empresas constructoras, promotores inmobiliarios, banqueros, académicos, inversores– que tienen un interés personal monetario en aumentar la población carcelaria, y mantener a la gente trás las rejas el mayor tiempo posible.

¿Qué nos dice esto acerca de Estados Unidos, cuando sabemos que algunos de los mayores beneficiarios del actual sistema penal son también algunas de las más grandes corporaciones cuyas acciones se cotizan en Wall Street?

Sin duda, es alarmante que empresas privadas sean dueñas de una parte importante de las cárceles en EE.UU., y que tengan recursos para presionar al Congreso, y a los legisladores estatales para mantener la alta tasa de encarcelamiento. Ya que, si reduce la cantidad de personas trás las rejas, los ingresos de estas empresas disminuyen. Por lo tanto, existe un conflicto de intereses que impiden cualquier intento de reducción de la población carcelaria.

Además, en los Estados Unidos existe el "fichaje racial". Por ejemplo, en la ciudad de Nueva York, hay 4 millones de casos de fichaje racial documentados por la misma policía. Esto es, jóvenes latinos y afro-estadounidenses son detenidos y cacheados constantemente; y resulta que en el 90% de los casos, estos chicos son inocentes.

¿BIDEN SE POSTULÓ COMO AMIGO DE LAS MINORÍAS?

Aunque Joe Biden se postuló a las elecciones presidenciales (2020) como "amigo" de las minorías, y habla de los Estados Unidos como el país más libre del mundo; durante la presidencia de Clinton-Gore, la población carcelaria en EE.UU. se incrementó de 1 a 2 millones de presos. La Administración Clinton tomó el trabajo de los Presidentes Nixon, Reagan y Bush padre, y promovió de forma agresiva la expansión y la ejecución de la guerra contra las drogas con una pasión que era difícil de entender, a menos que uno se diera cuenta de que el sistema financiero estadounidense era profundamente dependiente de entre $ 500 mil millones y 1 billón de dólares anuales del dinero sucio. La globalización de las empresas, un déficit cada vez más agudo, y las burbujas inmobiliarias necesitaban atraer grandes cantidades de capital; y para poder atraer el capital financiero se necesita tener un sistema capitalista que permita el lavado de miles de millones de dólares obtenidos de la delincuencia organizada, y de la maquinaria de guerra.

¿Cual ha sido el modus operandi? Os pongo el ejemplo. La barriada del Sur-Central de Los Ángeles. La epidemia de *crack* que devastó las comunidades más pobres de EE.UU. en los años 80, envió a cientos de miles de personas pobres a la prisión. La limpieza étnica es un poco más complicada en la zona Sur-Central de Los Ángeles, que en el Sur-Central europeo. Es esencial en una "democracia" conseguir que la gente "se limpie" de una manera que pareciera como si se lo estuvieron "haciendo" a sí mismos. Es decir, necesitan un suicidio social inducido. Que se droguen y se maten solos. Así que, ¿cómo conseguir que la población se suicide? Haciendo atractivo para sus hijos ganar dinero ilegalmente. Las drogas y el alcohol son excelentes herramientas para este fin: sobre todo cuando se combinan con el fácil acceso a las armas. Después, vienen los arrestos de una manera muy visible, muy pública y mediática. Acto seguido, se crean historias para que la gente se auto-culpe de lo sucedido.

Por ejemplo, la marca Pepsi equivale a buen sabor; y a los negros igual se les asocia a culpables de la venta de drogas ilícitas y de crímenes. Esta campaña está apoyada al máximo por los medios de comunicación nacionales cuyos propietarios son a la vez, los contratistas de defensa, accionistas de las cárceles privadas, de los fondos de inversión, y de otros intereses corporativos. Así se crean tendencias sociales a escala nacional, y después global. La guerra contra la droga. La guerra contra el terror. La guerra contra los seres humanos.

Durante la década de 1980, decenas de miles de familias afro-americanas de clase media asalariada perdieron sus hogares hipotecados. ¿Por qué? Hubo tiroteos, el deterioro general del vecindario, los traficantes de *crack* se convertían en vecinos, los hijos morían acribillados a balazos en medio de una guerra de bandas criminales o ingresaban a la cárcel por tráfico de drogas. Para no hundirse del todo, las familias afro-americanas de clase media-baja dejaban sus casas y se marchaban sin más. La casa en la que vivían, y que tenía una hipoteca de $100,000, la vendían por $20,000 o la perdían, porque nadie quería comprarla. Después, alguien venía y compraba las decenas de miles de hogares por el 20% de su precio real inmediatamente después de la epidemia de *crack*. ¿Quieren saber quiénes eran estos "alguien"? Bank of América, JP Morgan, Chase Manhattan Bank de la familia Rockefeller.

Es así como el modelo económico es el mismo que siempre ha aplicado la élite gobernante: utilizar el dinero de la gente pobre para robarle su tierra. Hacer que la gente pobre compre drogas, usando su propio dinero. Usar ese dinero para traer más droga, para liquidar el valor de la propiedad; y luego comprar esa propiedad. Lo mismo ha sucedido en todo el país y no solo ahora, sino siempre. Por ejemplo, en 1967, después de los disturbios de Detroit, esta práctica se convirtió en la política de gobierno de EE.UU.: lograr que no más de un cuarto de la población de cualquier ciudad importante sea minoría. Lo llaman "la desconcentración espacial", lo que a mí realmente me suena nazi.

Para terminar, os pongo un ejemplo de la doble moral en EE.UU. Septiembre de 1996. Washington Heights en Nueva York. Pub de Coogan en el barrio controlada por dominicanos. Estamos a menos de dos meses de la elección presidencial de 1996. Esa noche, si hubiésemos mirado mejor, habríamos visto allí a dirigentes del Partido Revolucionario Dominicano (PRD) Simón A. Diaz, Vicepresidente de la Comisión Ejecutiva del PRD, cuyo número de NADDIS es 3164850, blanqueador de dinero; y a Pablo Espinal, de la Comisión Ejecutiva del PRD con el número NADDIS 1289859, también blanqueador de dinero. Estos dos personajes turbios, que han sido condenados por la venta de kilos de cocaína, venta ilegal de armas y lavado de millones de dólares de la droga, estaban recaudando fondos para el Vice-presidente Al Gore, que asistió en persona al acto.

¿Qué son los números NADDIS? Los números NADDIS se emiten para identificar de forma anónima a los grandes traficantes de drogas y a los sospechosos de lavado de dinero. Hagamos una pregunta: ¿Es posible que el FBI y la DEA no supieran que las personas que estaban recaudando fondos para el posterior Premio Nobel de la Paz, Al Gore, tenían número NADDIS y una historia de violencia? Obviamente la DEA y el FBI sabían exactamente quiénes eran los personajes que rodeaban al Vice-presidente de EE.UU., Al Gore. La doble moral yanqui no tiene límites.

"Jigsaw", la nueva arma electrónica de Google

Google tiene una enorme influencia en Internet. Su motor de búsqueda maneja más de 3.000.000.000 de búsquedas cada día. Es el motor de búsqueda más utilizado del mundo, y tiene una cuota de mercado del 64% en los Estados Unidos. En 2015, la compañía tenía un valor de casi US$ 75 mil millones. Google se ha infiltrado en nuestras rutinas diarias con sus productos y servicios, entre ellos en los teléfonos inteligentes, tabletas, ordenadores portátiles. Nuevas capacidades e índices de búsqueda, que incluyen traducción, tecnología de reconocimiento de la voz, reconocimiento de texto en videos, y la innovación más reciente que ha cambiado las normas del juego: las cámaras inteligentes con reconocimiento en bloque de cifras, letras y caras, relacionadas con inmensas bases de datos de alta velocidad que tiene a todo el mundo localizado.

Los principales cambios: nada se elimina, nada se borra y nada se olvida. Todo lo que hemos hecho en la vida; cada fotografía absurd que hemos colgado. Cada entrada horrible que hemos publicado en nuestro blog; un día malo y cada broma subida de tono, cada SMS: todo se conserva para siempre. ¡Para siempre! Se almacena, y no solo se almacena; se indexa, se relaciona y se vincula a nuestro nombre para siempre. Se hace un perfil de cada uno de nosotros en una base de datos a la que el gobierno y el servicio de inteligencia tienen acceso. Google tiene un gran impacto en la cultura. También tiene una gran influencia sobre las noticias que leemos.

Basta con echar un vistazo a las estadísticas. El 42% de los estadounidenses mira la televisión mientras está pegado al portátil, al teléfono inteligente o a la tableta. El 31% de los que tienen más de cincuenta años, el 27% de los que tienen entre 25 y 35 años; y el 12% de los menores de 18 años hablan sobre televisión en las redes sociales. El 77% de los usuarios de las redes sociales tuitean a sus amigos acerca de lo que están mirando. Cada mes, la población virtual se pasa el equivalente a cuatro millones de años en línea. No son cifras vacías. Representan personas. Y las personas representan el acceso a una increíble cantidad de información sobre su vida, sus aficiones, sus gustos, sus antipatías, sus prejuicios y sus tendencias. Todo ello se cataloga, se analiza, se adapta a las necesidades de la élite y se presenta en formatos preparados para el consumo de formas que proyectan el punto de vista de la élite. Es así como nos lavan el cerebro, cada minuto de cada día, a través del control omnipresente de todos los canales mediáticos de los que disponen.

Pew Research Center informa que el 62% de los adultos estadounidenses consiguen sus noticias de las redes sociales, principalmente de Facebook, que rebasó a Google como el mayor referente de los sitios de noticias de Internet del año 2019 pasado. En febrero 2016, Google anunció que utilizará este enorme alcance para influir en la política. Eric Schmidt, CEO de Google, que según WikiLeaks quería ser "principal asesor externo" de la campaña de Clinton[1], dijo que las ideas de Google se transformarían en una incubadora de tecnología denominada, Jigsaw. Eric Schmidt, dijo que "la misión del equipo es usar la tecnología para hacer frente a todos los desafíos geopolíticos más difíciles, desde conquistar el extremismo violento pasando por frustrar la censura online, y mitigar las amenazas asociadas con los ataques digitales. Jigsaw usará su software de inteligencia artificial que se llama "Conversación" diseñado con el fin de bloquear lo que Google considera "declaraciones perjudiciales online".

Jigsaw, se apoya en el aprendizaje del sistema informático para localizar un lenguaje que Google considere abusivo, y le asignará una "puntuación". La tecnología será probada en la sección de contenidos de The New York Times y Wikipedia. El algoritmo de Jigsaw buscará entre mas de 17.000.000 comentarios en NY Times, intentando de encontrar los señalados como ofensivo o

---

[1] http://www.breitbart.com/tech/2016/10/31/wikileaks-googles-eric-schmidt-wanted-to-be-head-outside-advisor-to-clinton-campaign/

inadecuados por los moderadores. En otras palabras, uno de los diarios de mayor renombre en el mundo enseñará Jigsaw lo que es políticamente correcto, y el software utilizado por Google ajustaría en Internet el contenido según su criterio.

Jigsaw de Google se asoció con Moonshot CVE, una compañía startup de Londres dedicada a lo que ellos llaman "contrarrestadas campañas de mensajes"[2] en respuesta al extremismo violento online. El proyecto, dirigirá a los presuntos yihadistas y sus seguidores a un canal de YouTube con videos de propaganda anti-ISIS. Es una idea aprobada por el gobierno de Estados Unidos. Durante un evento en el Instituto Brookings, el Sub-secretario de Estado para la Diplomacia Pública y los Asuntos Públicos, Richard Stengel dijo que pensaba que la idea era un método prometedor para tratar con los yihadistas radicales online.

Pero los yihadistas no son el único objetivo. Nunca lo fueron. El co-fundador de Moonshot, Ross Frenett dijo: "Esta empresa toma el dinero de la Fundación GeNNex y planea usar como blanco a otros de los llamados extremistas". Extremistas de la derecha. Frenett dijo que durante la Fase 2 del Proyecto Jigsaw/Moonshot, se centrarán en la violencia en América. Dijo también, que la extrema derecha online en Estados Unidos es más descarada que ISIS.

¿Qué es la Fundación GeNNex? Se llama a sí mismo "una organización de vanguardia mundial", que aborda las causas profundas del extremismo violento. En su página web, menciona los ataques del 11-S, el maratón de Boston, Charlie Hebdo en París y San Bernardino. Cuenta con el logotipo del Jigsaw de Google y también alberga programas con altos mandos del gobierno, como el ex Secretario de Defensa Donald Rumsfeld, y la Secretaria de Seguridad Nacional, Janet Neopolitano.

Jigsaw está dirigida por Jared Cohen, fundador y presidente de Jigsaw, y Fellow en el Consejo de Relaciones Exteriores, quien se

---

[2] http://www.theverge.com/2016/8/4/12373978/facebook-google-twitter-extremism-counter-speech-isd-isis

especializa en la contra radicalización con un enfoque en el terrorismo; la radicalización, el impacto de las Tecnologías conectados con el arte de gobernar en el siglo XXI. Otra de sus especialidades es Irán. Cohen se desempeñó como miembro de la Secretaría de Estado de Planificación de Políticas, y como asesor de Condolezza Rice, y de Hillary Clinton.

Durante su permanencia en Google, Cohen y el CEO de Google, Schimdt escribieron un documento de política en la revista oficial del CFR, Asuntos Exteriores. El documento elogia el potencial reformador de las tecnologías de Silicon Valley como un "instrumento de la política exterior de Estados Unidos". Se aboga por las "coaliciones de los conectados", y utiliza metáforas militares. Cohen y Schmidt creen que es su deber proteger a los ciudadanos del mundo entero. Julian Assange caracteriza a Cohen como "director de cambio de régimen de Google". Escribiendo para la revista Newsweek, Assange dijo que el objetivo de Cohen es la fertilización cruzada de influencia "entre las élites y sus vasallos bajo la rúbrica piadosa de la sociedad civil".

La creencia popular en las sociedades capitalistas avanzadas es que aún existe un "sector de la sociedad civil" orgánico en el que las instituciones se unen para manifestar los intereses y la voluntad de los ciudadanos. La fábula cuenta que los límites de este sector son respetados por los actores de gobierno y el sector privado que salen de un espacio seguro, y de las ONGs sin fines de lucro para abogar por cosas como los derechos humanos, la libertad de expresión y un gobierno responsable. Esto, por supuesto, es una ilusión. Las grandes empresas, los gobiernos, las corporaciones y sus ONGs no se unen por el bien de la sociedad civil.

Cohen trabaja para el Consejo de Relaciones Exteriores, la organización globalista establecida en 1921 por los Grupos de la Mesa Redonda británica, controlada en los Estados Unidos por JP Morgan, los Rockefeller y la familia Whitney. El profesor de la Universidad de Georgetown, Carroll Quigley escribe: "El CFR es la versión americana del Instituto Real de Asuntos Internacionales también conocida como la Casa Chatham, el lugar de las reuniones secretas del poder de la élite mundial". Las élites globales y sus asociados, entre ellos Eric Schmidt de Google, miembro del Club Bilderberg entre otros, entienden que ciertas ideologías plantean una amenaza al control de la Orden Internacional. El Estado Islámico no representa una amenaza directa fuera del Medio Oriente, aunque se habla mucho de su proceso de radicalización, y de los actos terroristas aislados y no conectados, acaecidos principalmente en Europa, y también en los Estados Unidos.

¿La amenaza real? La llamada "disidencia americana". Hacer frente a esa amenaza es el propósito de Jigsaw. En abril de 2009, un documento se filtró desde el Departamento de Seguridad Nacional. Bajo el título: "La disidencia - clima actual, resurgimiento, sentimiento económico y político, la organización y el reclutamiento". El trabajo sobre el documento comenzó durante la administración George Bush. Fue terminado durante el periodo de Janet Napolitano como Secretaria del DHS de Obama. El documento no mencionó a los grupos yihadistas como la principal amenaza a la tierra natal.

En su lugar, el documento se centró en los grupos políticos e individuos que el gobierno identifica como la derecha/disidencia. El Departamento de Seguridad Nacional dice que "la derecha y la disidencia son la amenaza más peligrosa del terrorismo doméstico en los Estados Unidos".

Estas iniciativas son una creación del Departamento de Justicia y de la Fundación Nueva América, un grupo de expertos presidido por el CEO de Google, Eric Schmidt. Nueva América es financiada por el Departamento de Estado de Estados Unidos, la Fundación Bill y Melinda Gates; John D. y Catherine T. MacArthur Fundación; por el multimillonario de Wall Street y ex Presidente de CFR, Peter J. Peterson; y Open Society Institute de George Soros.

La Fundación Nueva América trabaja en estrecha colaboración con el tipo de grupos yihadistas, que dice combatir. El vertedero de agosto 2015 de correos electrónicos de Hillary Clinton revela que ella también tiene vínculos con la Fundación Nueva América. La Fundación está dirigida por Ann Marie Slaughter, una ex empleada del Departamento de Estado de Clinton.

Como Secretaria de Estado, Clinton supervisó la destrucción de Libia y el asesinato de 30.000 libios. Las guerras ilegales contra los pueblos de Siria y Libia, son una burla completa de la supuesta preocupación humanitaria de la Fundación Nueva América. Se trata de terrorismo, especialmente supuesto terrorismo. Si uno ha de creer a The Southern Poverty Law Center, hay más de nueve mil grupos de supremacía blanca en Estados Unidos, citando el Ku Klux Klan como el más importante, y diciendo que "estamos asistiendo al renacimiento de esta organización".

Durante la década de 1960 y principios de 1970, prácticamente todos los movimientos políticos anti-sistema fueron infiltrados por el gobierno, incluido el Consejo de Liderazgo Cristiano del Sur; La Asociación Nacional para el Progreso de las Personas de Color (NAACP por sus siglas en ingles); el movimiento indio americano, Estudiantes para una Sociedad Democrática; los Panteras Negras, y el Weatherman Underground. El comité del senador Frank Church descubrió que la infiltración del gobierno remonta a la Primera Guerra Mundial.

Uno de los institutos claves vinculados a la agenda politica del poder es IPS, el Instituto de Estudios Politicos. Este instituto de estudios políticos se creó en 1963, bajo la dirección de McGeorge Bundy, antiguo presidente de la Fundación Ford, y el asesor del Presidente Kennedy para la Seguridad Nacional.

La misión principal del IPS era controlar y coordinar una amplia red de seudo organizaciones; desde grupos de control de comunidades locales y grupos nacionalistas de negros, hasta organizaciones antitecnológicas, movimientos antibélicos, y operaciones terroristas como los Weathermen: sobre todo, bajo los auspicios del movimiento contra la guerra, el crecimiento cero, y las exhibiciones de monstruos de la naturaleza por parte de los ecologistas. Dicho en pocas palabras, la totalidad de lo que en los años sesenta se dio en llamar el "Movimiento de la Nueva Izquierda". Fueron el FBI y varias secciones de la CIA, los que fueron proporcionando a esta "Nueva Izquierda" los jefes financieros y los directores de recursos tecnológicos.

El principal teórico del IPS no era otro que Noam Chomsky, uno de los fundadores de la Nueva Izquierda. Para Chomsky, la finalidad principal de la creación de la Nueva Izquierda a principios de los años sesenta, era prevenir la radicalización de los jóvenes universitarios en dos extremos superpuestos, el uno al otro. El objetivo inmediato era evitar que los partidos socialistas ya establecidos captasen la agitación social que había surgido a partir de 1958, y que se había hecho visible alrededor de la revolución cubana y del movimiento por los derechos civiles hasta mediados de 1961. No hay que extrañarse. Son tácticas típicas de COINTELPRO (contra inteligencia).

Más recientemente, las tácticas COINTELPRO fueron utilizados para destruir al movimiento Occupy Wall Street. La policía de Nueva York y de Oakland, California, se infiltraron en el movimiento, con el fin de desacreditar sus actividades de protestas legales a través de un comportamiento violento. De acuerdo con la American Civil Liberties Union, el miedo al terrorismo ha dado lugar a una nueva era del exceso a las actividades de inteligencia y contra inteligencia policial dirigida contra activistas políticos, las minorías raciales y religiosas, e inmigrantes. Además de la infiltración y vigilancia, fundaciones financiadas por la élite controlan a los activistas para asegurarse de que no presentan graves amenazas políticas para el *statu quo*.

La mayoría de los medios de comunicación "independientes", también están en el bolsillo de las fundaciones Ford, Rockefeller, Carnegie y Soros. La Fundación Ford es una fachada documentada de la CIA con conexiones en la Comisión Trilateral y el Consejo de Relaciones Exteriores, las mismas organizaciones globalistas que trabajan con Eric Schmidt y Jared Cohen en Google.

Para apreciar el alcance de las principales fundaciones, basta recordar que casi todos los candidatos presidenciales de ambos partidos en los Estados Unidos, han colaborado con al menos una de estas organizaciones; además, de muchos influyentes congresistas y senadores de EE.UU; los jueces de la Corte Suprema de Estados Unidos, los principales ejecutivos de los medios de comunicación, y la Reserva Federal de Estados Unidos.

Es así que no nos debería sorprender, que la mayoría de los grupos radicales de la Nueva Izquierda esten controladas y financiadas por el Benjamin Fund Global Exchange, la Fundación Nuevas Prioridades, la Fundación Streisand, la Fundación Threshold y la Fundación Tides. Esta última, Tides recibe subvenciones de la Fundación Texaco-Chevron, la Fundación Rockefeller, y el Instituto de la Sociedad Abierta de George Soros, para nombrar sólo unos pocos.

El principal objetivo de Jigsaw, en conjunto con las fundaciones estadounidenses es neutralizar la capacidad de los grupos políticos para utilizar el Internet como medio de información. El objetivo es socavar los medios alternativos que representan una amenaza para la élite, el predominio de sus instituciones y el control de sus medios de propaganda. Google se ha unido a la NSA, al FBI, al Departamento de Seguridad Nacional; y a sus interconectadas organizaciones de carácter público-privado, como parte de un esfuerzo concertado para "desinfectar" a los medios de voces alternativas.

En el futuro previsto por Eric Schmidt, las empresas multinacionales, el Gobierno, las nuevas empresas de tecnología, y las Fundaciones Sociales van a revisar la ortografía y a censurar los medios "políticamente incorrectos". Aquellos de nosotros que se encuentra fuera de este círculo privilegiado, quedará sin acceso a Internet, que es el medio que había permitido la expresión de puntos de vista alternativos, y la difusión de ideas consideradas como una amenaza para la élite mundial.

¿Quién manda?

El gran misterio en todo lo que nos rodea es: ¿quién está realmente al mando? Por un lado, estamos observando una acción oficial del aparato gubernamental estadounidense. Por otra parte, ese aparato gubernamental está ahora dirigido por las compañías privadas, y los bancos que operan las cuentas y los sistemas de los aparatos, y financian sus deudas cada vez mayores. Los inversores detrás de estas entidades son globales, no estadounidenses. Esto no es una imagen de un gobierno soberano o de líderes leales al pueblo estadounidense.

¿Quiénes son los que mandan, y cómo lo hacen? ¿Dónde están? Me gustaría contar quienes son éllos, los sin rostro que llevan décadas ocultando sus trapos sucios, sus negocios sucios, sus vínculos con las drogas, con los bancos, con las agencias de inteligencias; y sus operaciones negras.

El sistema está controlado y está nutriéndose de la gente de América; igual que está nutriéndose del pueblo de Irak, de Libia, de Rusia, de Venezuela y más allá. Las cuentas federales están en déficit de $3.3 billones de dólares, los fondos de pensiones han sido despojados a causa del fraude de acciones de pump y dump; y las vecindades invadidas por el tráfico de drogas. Hay cada vez más ciudadanos estadounidenses que tienen más en común con el pueblo de Irak que con el liderazgo de Wall Street y de Washington.

Con la adquisición de datos digitales estadounidenses para contratistas de defensa, y de bancos que gestionan funciones gubernamentales, la guerra económica adquiere un significado totalmente nuevo. Lo que se supone que es privado no es privado en absoluto. El gobierno tiene acceso total a todos vuestros datos. Lo que se supone que es transparente es privado, a excepción de aquellos en el poder que son libres de utilizarlo con ventaja. Con el acceso total a la información por parte de los contratistas de la defensa, se puede exprimir a la gente para asegurar que los mercados no tengan que ajustarse.

El sistema parásito americano es un síntoma de que el modelo central de la guerra bancaria que ha creado la supremacía de los angloparlantes desde la época de la reina Isabel I está en su lecho de muerte. Se está muriendo no porque esté equivocado, −aunque si, es equivocado−, sino porque es débil. Se está muriendo porque −como un parásito− ha comenzado a crear un sistema aún más débil. Por lo tanto, es la obligación de los angloparlantes reinventarse invirtiendo globalmente para inventar un nuevo modelo. Sin embargo, la oportunidad de pasar a un nuevo modelo requiere la capacidad de ver dónde estamos, y de esbozar una visión de que hay esperanza para aquellos que están en el sistema.

En resumen, el principal problema no es que la gente a cargo esté centralizando la riqueza de una manera destructiva o que algunos tengan demasiado dinero. Ciertamente, eso es un problema, pero es un problema secundario. El verdadero problema es que desde el punto de vista de nosotros, el planeta está peor con la presencia de los seres humanos parásitos.

Golpe financiero en EE.UU.

En este reportaje me gustaría responder a la pregunta: ¿Cómo orquestó el golpe financiero en los EE.UU. la mismísima élite global? ¿De qué manera los EE.UU. han podido cooptar el mundo y América Latina, México, África, Europa de Este, Oriente Medio, Sudeste Asiático, India, Rusia, China?

De hecho, es mucho más fácil de lo que nos lo podemos imaginar. Primero, los bancos, las corporaciones y los inversores que actúan en cada región global son exactamente los mismos actores. Son un grupo relativamente pequeño que reaparece una y otra vez en todos los rincones del planeta, acompañados por las mismas empresas de contabilidad y firmas de abogados bien conocidas. Claramente, estamos viendo un golpe de Estado financiero global en marcha.

La magnitud de lo que está sucediendo es abrumadora. En la década de los '90, millones de personas en Rusia se habían despertado para buscar sus cuentas bancarias y fondos de pensiones simplemente desaparecidas, o erradicadas con una moneda caída en desgracia, o robadas por mafiosos que lavaban dinero en grandes bancos de la Reserva Federal de Nueva York con el fin de reinvertirlo para alimentar la burbuja de la deuda. Entre 1991 y 1996, una cifra de 168 millones de ex ciudadanos del bloque socialista de clase media, se sumaron a las filas de los nuevos pobres.

La privatización global fue acompañada con la recolección de la población a gran escala para involucrarla en el nuevo modelo de negocios. Los políticos, los funcionarios gubernamentales, los académicos, y las agencias de inteligencia, facilitaban el crimen organizado y el robo.

El modelo de negocio es un calco idéntico para otras partes del mundo. Por ejemplo, el contratista del gobierno de los Estados Unidos que dirigió la estrategia de la Guerra contra las Drogas para la USAID en Perú, Colombia y Bolivia fue el mismo contratista encargado de la gestión del conocimiento para la aplicación del HUD (Departamento de Vivienda y Desarrollo Urbano) de los Estados Unidos, el artífice de la ingeniería de la burbuja inmobiliaria de los EEUU. Eran los mismos contratistas que trabajaban en Sudán, que formaban parte de la multitud de "Salvemos Darfur" que trajo la muerte, el hambre y el sufrimiento a millones de personas, en nombre de la justicia, la democracia y el estilo de vida americano. Son los mismos que han traído dificultades a 800 millones de personas en la India con su reciente iniciativa de "guerra contra el dinero en efectivo".

Este juego de la dupla Washington-Wall Street es un juego global. Los campesinos de América Latina, los estratos más bajos de la India, y los habitantes de Sudán se enfrentaron a los mismos piratas financieros, y al mismo modelo de negocios que la gente del sur de Los Ángeles, Filadelfia del Oeste, Baltimore y el sur del Bronx.

El mismo juego:

- Los vecindarios de los Estados Unidos fueron invadidos por el tráfico de narcóticos y el fraude financiero de USG, obligando a las minorías a vender sus hogares por una fracción de su valor real. Se calcula que el Chase Manhattan Bank ganó más de $2 mil millones de dólares revendiendo los hogares de los negros de clase media baja en las barriadas infestadas por las drogas y las bandas criminales.

- Los oleoductos, el agua y otros activos latinoamericanos se vendieron a Enron y a otros inversionistas multinacionales con descuentos significativos en relación a su valor de mercado; mientras que DynCorp, un "insider" del complejo Militar-Industrial ayudaba a los mercenarios contratados tipo Blackwater durante la dichosa "Guerra contra las Drogas", a desalojar a los campesinos de sus tierras.

- Los bancos rusos y los fondos de pensiones fueron vaciados por el crimen organizado, y lavados a través de los bancos miembros de la Reserva Federal de Nueva York, mientras que la Universidad de Harvard, actuando como asesora financiera, ayudó a privatizar las compañías petroleras rusas a través de su red de empresas de inversión.

- El personal de DynCorp que suministraba la policía para el mantenimiento de aeronaves, estaba colaborando activamente con la mafia local en Europa del Este, y se dedicaba a la compra y venta de niños como esclavos sexuales.

- US$ 3,3 mil billones desaparecieron del Departamento de Defensa y del Departamento de Desarrollo de la Vivienda, donde Lockheed, DynCorp y un sin fin de otras empresas directamente vinculadas al USG estaban activas en la administración de los sistemas informáticos.

- La manipulación de los mercados de oro por parte del Tesoro de Estados Unidos y los bancos miembros de la Fed de Nueva York fueron dirigidos por Larry Summers, Secretario del Tesoro y ex Presidente de la Universidad de Harvard; y su predecesor Robert Rubin, Secretario de Hacienda y ahora miembro de la Junta de Harvard Corporation.

El sistema es gestionado de manera férrea por una combinación de cárteles financieros, agencias de inteligencia, y el complejo Militar-Industrial, y tiene cuatro fases:

- Fase 1 – **Romperlo**: Los sindicatos privados ganan dinero destruyendo un lugar (o un país) a través del crimen organizado, las operaciones encubiertas, la guerra o una variedad de ambos;

- Fase 2 – **Comprarlo**: El beneficio generado por "romperlo" se utiliza para comprar o hacerse con el "control legal" de las empresas o países a precio de saldo;

- Fase 3 - **Solución**: El financiamiento gubernamental, el crédito y los subsidios se utilizan para "arreglarlo" mientras se recogen los activos restantes, entre ellos el tráfico de drogas, la esclavitud sexual, y cualquier otra forma de liquidación del capital humano, intelectual, ambiental y físico en el lugar.

- Fase 4 – **Declarar la Victoria**: Se declara la victoria y enseguida viene un flujo de dinero de las fundaciones y subvenciones académicas financiadas con las ganancias de las primeras dos fases: "Romperlo-Comprarlo" que generan premios, publicidad gratuita en los principales medios de comunicación de masas occidentales; fotos con políticos estadounidenses que bendicen a los nuevos "héroes modernos contra la opresión"; y finalmente premios y reconocimientos por la "difícil y valiente" tarea de haber traído un país oprimido de vuelta al mundo civilizado.

Lo que surge del análisis de las transacciones en una situación tras otra; en un país tras otro país; y año tras año… es sorprendentemente simple. El mundo está experimentando un robo global: el capital está siendo robado de un país tras otro. Y esto no esta sucediendo solamente en los mercados emergentes, está sucediendo también en los EEUU.

Según los datos actualizados del interventor independiente del USG, se ha reportado un déficit de US$ 26 mil billones del Gobierno de los Estados Unidos entre 1995 y 2020. En 2016, el Inspector General del Departamento de Defensa publicó un Informe diciendo que los ajustes no documentables del DOD en el año fiscal que terminó en 2015 llegaron a $9.3 mil billones. El Departamento de Estado bajo la dirección de Hillary Clinton había perdido US$ 6 mil millones de dólares. Además, la élite, en su guerra contra las clases media y baja, también acaparó $27 mil billones de dólares vía los rescates financieros.

Ahora, mi preocupación es la siguiente: una vez que la burbuja explote ¿llegaría el momento en que la sociedad también sea
"de-modernizada"? Lo interesante es que las personas que dirigen
los programas, y controlan el sistema hoy en dia, son las mismas
caras que se remontan a los gobiernos de Reagan, Bush padre,
Clinton, Bush hijo, y Obama. Para terminar y como entrada a los
siguientes reportajes, os dejo una pregunta más: ¿Dónde está el
dinero y cómo lo recuperamos?

La familia Bush

Desde el año 2000, Estados Unidos viene pasando el período más turbulento de su historia. Soportando un golpe de Estado por parte del Tribunal Supremo que entregó en bandeja de plata las elecciones presidenciales a George Bush. Después el 11-S, seguido por la gravísima crisis financiera de 2008 con hasta ahora, la destrucción de decenas de millones de puestos de trabajo; sin hablar de los miles de soldados muertos y de las decenas de miles de heridos en los conflictos de Afganistán e Irak. América ha sido testigo de un cataclismo trás otro. Y en el centro de cada uno de estos críticos eventos, los Bush y los secretos de su familia.

La familia Bush no es sólo una de las familias más elitistas del país; también, las capas del poder a su alrededor son sorprendentes y aterradoras. Cuando en el año 2000 la familia comenzó especular con la candidatura de George Bush a la presidencia del país, sus patrocinadores corporativos crearon un grupo de cien CEOs (Consejeros Delegados) conocido como "pioneros", y financiaron su campaña con más dinero que cualquier otro candidato presidencial en la historia de los Estados Unidos.

George Bush hijo, miembro de la sociedad secreta elitista de Yale, Skull & Bones; la sucursal estadounidense de los famosos Iluminati de Bavaria; era el heredero de una de las familias más poderosas y exitosas de Estados Unidos. Su padre era Presidente; su abuelo, Prescott Bush el senador de Connecticut, ayudó a recaudar el dinero para que la familia Thyssen pusiera a Hitler en su carrera ascendente en la década de 1920; y luego ayudó a la maquinaria de guerra nazi a matar soldados americanos, sacando un beneficio enorme de su traición.

George Bush padre, mientras se desempeñaba como Vice-presidente del gobierno de Ronald Reagan entre 1981 y 1989; presidió el aparato paramilitar de los Contras Nicaragüenses que eran los responsables de inundar las calles del distrito South Central de Los Ángeles con cocaína y *crack*; y que alimentaron un ciclo de asesinatos y de violencia de las pandillas callejeras.

Los Contras Nicaragüenses financiaron la guerra de los años 80 contra el régimen sandinista en Managua, a través del flujo de cocaína que iba desde Colombia al área de la Bahia de San Francisco, y a las calles de Los Ángeles, poniendo cocaína, *crack*, y armas de fuego en manos de las pandillas urbanas como los Cripsy, y los Bloods. Mientras la epidemia de *crack* desatada por los Contra aumentaba, el Vice-presidente Bush era el hombre a cargo del programa de América Central de la administración Reagan, quien supervisaba todas las actividades de la CIA, el Pentágono, y cualquier otro organismo de inteligencia del gobierno estadounidense.

Sin embargo, Bush padre no era el único amenazado con "secretos" de la familia. Muchos esfuerzos se han hecho en los últimos años para reescribir algunos de los capítulos más oscuros y turbios de esta familia, como fue el oscuro financiamiento a los nazis por el abuelo Prescott Bush, por ejemplo.

La relación con los nazis, data de antes de que existieran. Había un banco de inversiones del cual era socio Prescott Bush, el padre de Bush padre, y abuelo de Bush hijo, respectivamente. George Herbert Walker, el suegro de Prescott Bush administraba este banco para la acaudalada familia Harriman, que controlaba las principales líneas ferroviarias y los bancos de EEUU.

En los años 20 luego de la Primera Guerra Mundial y la derrota alemana, varios grupos poderosos en EEUU vieron la posibilidad de ir a Alemania y comprar activos a un precio muy bajo. Compraron astilleros, fábricas de acero, bancos, etc. Y los Harriman, con su empresa bancaria en la que también participaban los Bush, estaban muy involucrados en todo este proceso, y empezaron a formar alianzas con Thyssen, Krupp y otros industriales alemánes dueños de acereras y magnates. Durante este mismo período se ve el ascenso de Adolf Hitler y del partido Nazi, y eran estos mismos banqueros e industriales quienes financiaban a los Nazis.

Después, cuando era evidente la derrota alemana en la Segunda Guerra Mundial y estos mismos empresarios alemanes necesitaron sacar su dinero del país derrotado, ahí estaba Prescott Bush para ayudarlos como miembro de la junta directiva de una empresa ficticia, el United Bank. Y así sacaron una gran parte de dinero para protegerlo de la inevitable derrota de la máquinaria de guerra alemana. Es decir, fueron unos de los artífices del futuro 4° Reich (mientras corría victorioso).

Al final de la Segunda Guerra Mundial, hubo un esfuerzo concertado por parte de las agencias de inteligencia de EEUU para ocultar esta historia. Incluso instituciones e iniciativas respetables como el Tribunal de Núremberg tenían agentes infiltrados cuyo objetivo era asegurarse de que los peces gordos del partido Nazi no declarasen nada comprometedor.

Lo que los grandes medios de comunicación estadounidenses han ocultado con la astucia de los esclavos a lo largo de los últimos 70 años, son hechos incontestables: la familia Bush se formó y llegó al poder como los gerentes del banco trasatlántico de la familia Harriman: una entidad dedicada únicamente a la creación del fascismo por parte del Imperio británico del siglo XX, la promoción de Adolf Hitler y la eugenesia Herbert Walker, abuelo del Presidente George H.W. Bush, trajo a la empresa de inversión Brown Brothers de Gran Bretaña a formar un equipo con los Harriman y los Rockefeller. Brown Brothers Harriman tenía tantos vínculos corruptos con el régimen nazi que se convirtió en el único banco en la historia del estado de Nueva York que obtuvo permiso para eliminar sus archivos de la Guerra. Además de desempeñarse como director del Union Bank Corporacion, en Nueva York, a Prescott Bush, el yerno borracho de Walker, le dieron un puesto en el consejo de varias empresas pantallas nazis.

El fascista alemán Fritz Thyssen, el mismo que tenía un Museo en Madrid, España lleno de cuadros robados de los judíos muertos; y que había sido jefe de recaudación de los fondos políticos de Hitler desde antes del intento de golpe de Estado de Hitler de 1923, era el cliente y el depositante único de la Union Bank Corporation. La Union Bank era dueña de la Consolidated Steel Corporation situada cerca de la ciudad polaca de Auschwits, el lugar donde Hitler creó el campo de concentración de Auschwitz. Una parte de la mano de obra esclava en Polonia fue gestionada por Prescott Bush. Dos inversores claves que estaban detrás de Prescott Bush y que invirtieron fuertemente en los nazis, eran Nelson Rockefeller, el futuro Vice-presidente de los Estados Unidos; y Averell Harriman, una de las cinco familias más ricas de USA. Es decir, algunos de los hombres más ricos de Estados Unidos ganaron cientos de millones de dólares gracias al Holocausto. Union Bank Corporation y los intereses nazis de Harriman-Bush fueron incautados y cerrados por la Administración de Roosevelt en 1942.

Tampoco podemos olvidar los estrechos vínculos de los Bush con el terrorismo mundial. La familia Bush tuvo varias relaciones comerciales importantes con los principales patrocinadores financieros de Osama bin Laden, el poderoso multimillonario saudí y propietario del Banco Comercial Nacional Saudita; y el jeque Khalid bin Mahfouz, quien había canalizado decenas de millones de dólares a las cuentas de terroristas en Londres y NuevaYork antes del 11-S.

El Banco Comercial Nacional Saudita estaba afiliado con el Banco Inter Maritime de Ginebra y Nueva York, cuyo vicepresidente, el Dr. Alfred Hartmann negoció una inversión de $25 millones de dólares en Harken Oil and Gas de George H.W. Bush en 1987. El Banco Inter Maritime también participó en varias operaciones encubiertas de la CIA. Durante la década de 1980, el sindicato bancario del jeque Mahfouz realizó importantes operaciones bancarias inspiradas por la CIA para los antiguos activos de la CIA como Osama bin Laden, Saddam Hussein, y Manuel Noriega. Mahfouz no era ajeno a la familia Bush; era un gran inversor del Grupo Carlyle, un grupo de inversiines de la industria de Defensa con profundas conexiones con el aparato político del Partido Republicano.

Para terminar, digamos con toda certeza que es imposible comprender la actual amenaza del fascismo en Estados Unidos y en el resto del mundo, sin entender el papel de la familia Bush y su rol como parte integrante del sistema bancario que llevó a Hitler al poder en la década de 1930; que además, financió el auge del terrorismo en los Estados Unidos y Centroamérica; y que montó el escenario como conductores que han sido de las políticas del Imperio Británico hacia el establecimiento de la dictadura por parte del liberalismo globalista planetario que nos acecha hoy en dia.

La CIA y el tráfico de drogas

Os quiero contar la historia del tráfico de drogas de la CIA. Esta discusión no debe considerarse como una aberración histórica, ya que la CIA ha tenido una participación prolongada y prácticamente continuada con el tráfico de drogas desde finales de la Segunda Guerra Mundial.

Entre 1947 y 1951, las armas, el dinero y la campaña de desinformación de la CIA permitió a los sindicatos criminales corsos en Marsella, arrebatarle el control de los sindicatos de trabajadores al Partido Comunista francés. Los corsos ganaron influencia política y control sobre los muelles, condiciones ideales para cimentar una asociación a largo plazo con los distribuidores de drogas de la mafia, que convirtió a Marsella en la capital de la heroína de post-guerra del mundo occidental. De hecho, los primeros laboratorios de heroína de Marsella se abrieron en 1951, sólo unos meses después de que los corsos se hicieran cargo de la costa.

Luego, a principios de la década de 1950 y hasta inicios de la década de los 70 en el sudeste asiático, el ejército nacionalista chino organizado por la CIA para librar la guerra contra la China comunista, se convirtió en el barón del opio del Triángulo Dorado (partes de Birmania, Tailandia y Laos), la mayor fuente mundial de opio y heroína. Air América, la principal aerolínea propietaria de la CIA, transportó drogas por todo el sudeste asiático convirtiendo a millones de personas en adictos.

De hecho, uno de cada tres soldados estadounidenses que lucharon en Vietnam se volvieron adictos. Se utilizó un laboratorio construído en la sede de la CIA en el norte de Laos para refinar heroína. Después de una década de intervención militar estadounidense, el sudeste asiático se había convertido en la fuente del 70 % del opio ilícito del mundo y en el principal proveedor de materias primas para el floreciente mercado de heroína de Estados Unidos.

Durante los años 70, Australia se convirtió en el eje de algunas de las operaciones más secretas de la CIA. El Nugan Hand Bank de Sydney era un banco de la CIA en todo menos en el nombre. Entre sus oficiales se encontraba una red de generales estadounidenses, almirantes y hombres de la CIA, incluído el ex-director de la CIA William Colby, quien también fue uno de sus abogados. Con sucursales en Arabia Saudita, Europa, el sudeste asiático, América del Sur y los EE. UU., el Nugan Hand Bank financió el tráfico de drogas, el lavado de dinero, y el tráfico internacional de armas.

Después de Australia, le llegó el turno a Panamá. Durante más de una década, el dictador panameño Manuel Noriega fue un activo y también un colaborador de la CIA muy bien remunerado; a pesar de que las autoridades antidrogas de Estados Unidos ya sabían que el general estaba muy involucrado en el tráfico de drogas y el lavado de dinero. Noriega facilitó vuelos de "armas por drogas" para los Contras, proporcionando protección y pilotos, refugios seguros para los funcionarios del cartel de la droga, y discretas instalaciones bancarias.

Aviones y pilotos de los Contras nicaragüenses suministrados por la CIA transportaban cocaína desde Centroamérica a aeropuertos y bases militares de Estados Unidos. En 1985, el agente de la DEA Celerino Castillo informó a sus superiores que la cocaína se encontraba en el almacén de contra abastecimiento de la CIA en la Base de la Fuerza Aérea de Ilopango en El Salvador para su envío a los EE.UU. La DEA saboteó el acceso a esta información, y Castillo fue expulsado de la Agencia y encarcelado con la excusa de tráfico de drogas que él mismo denunciaba.

Dennis Dayle, ex-jefe de una unidad de élite de la DEA, en su testimonio ante el Senado de los EEUU, declaró que en sus treinta años de servicios en la DEA y agencias relacionadas, los principales sospechosos de sus investigaciones resultaron casi invariablemente estar trabajando para la CIA. Uno de ellos, el mismísimo dictador Manuel Noriega.

Los funcionarios estadounidenses, incluído el entonces director de la CIA William Webster y varios oficiales de la DEA, enviaron cartas de elogio a Noriega por los esfuerzos para frustrar el tráfico de drogas (aunque solo fuera contra los competidores de sus propios patrocinadores del cartel de Medellín). No obstante, el gobierno de Estados Unidos se volvió contra Noriega e invadió Panamá en diciembre de 1989, y secuestró al general, una vez que descubrieron que Noriega estaba proporcionando inteligencia y servicios a los cubanos y sandinistas. Irónicamente, el tráfico de drogas a través de Panamá aumentó después de la invasión estadounidense. Washington intentó ocultar sus vínculos con los dictadores y las drogas, pero el escándalo era descomunal.

A medianos de los años 90, un pequeño periódico californiano, el San José Mercury News publicó una serie de reportajes sensacionalistas, Dark Alliance/ la alianza oscura que documenta las operaciones entrelazadas que vinculan a la CIA, los Contras y los cárteles de la cocaína. Obsesionados con derrocar al gobierno sandinista de izquierda en Nicaragua; los funcionarios de la administración Reagan toleraron el narcotráfico mientras los traficantes apoyaran a los Contras. En 1989, el Sub-comité de Terrorismo, Narcóticos y Operaciones Internacionales del Senado (el Comité de John Kerry que era el candidato demócrata en las elecciones presidenciales del año 2004 contra George Bush) concluyó una investigación de tres años declarando: "Habían pruebas sustanciales de contrabando de drogas a través de las zonas de guerra por parte de las FFAA de USA".

Caso Haití a mediados de la década de 1980 hasta principios de los 90

Mientras la CIA trabajaba para mantener en el poder a líderes militares y políticos haitianos claves, la Agencia de Inteligencia se hizo de la vista gorda con el tráfico de drogas de sus clientes. En 1986, la Agencia agregó algunos nombres más a su nómina al crear una nueva organización haitiana, el Servicio Nacional de Inteligencia (SIN). El mandato del SIN incluía contrarrestar el comercio de cocaína, aunque los propios oficiales del SIN se dedicaron al tráfico, un comercio apoyado e instigado por algunos líderes militares y políticos haitianos.

No podríamos hablar de las drogas y la CIA sin hablar de Afganistan. En los años 80 los rebeldes Moujahedeen apoyados por la CIA participaron fuertemente en el tráfico de drogas mientras luchaban contra el gobierno afgano apoyado por la Union Soviética. El principal cliente de la Agencia era Gulbuddin Hekmatyar, uno de los principales capos de la droga, y el mayor refinador de heroína quien también fue el mayor receptor del apoyo militar de la CIA. Los camiones y mulas suministrados por la CIA que habían llevado armas a Afganistán, se utilizaron para transportar opio a los laboratorios por todo lo largo de la frontera entre Afganistán y Pakistán.

La producción proporcionó hasta la mitad de la heroína consumida anualmente en los Estados Unidos, y las tres cuartas partes de la consumida en Europa Occidental. Los funcionarios estadounidenses admitieron en 1990 que no habían investigado ni tomado medidas contra la operación de drogas debido al deseo de no ofender a sus aliados paquistaníes y afganos. En 1993, un funcionario de la DEA apodó a Afganistán como la nueva Colombia del mundo de las drogas. Esto ha sido sólo una pequeña muestra de los vínculos nefarios de la CIA y las drogas. Pero hay mucho más que contar. De los negocios de las drogas en el siglo XXI, hablaremos en otros Capítulos.

ELECCIONES EN EE.UU.

Estando a dos semanas de las elecciones en USA (2020), en una de las campañas presidenciales más sucias y violentas de la historia. La semana pasada Joe Biden, el candidato Demócrata anunció que su candidatura había recaudado en donaciones más de $360 millones de dólares. Una parte del dinero, proveniente de los donantes ricos interesados en promover sus iniciativas en caso de que su candidato salga elegido como Presidente. Pero hay otra parte de este dinero, del dinero que financia a las políticas gubernamentales, a los partidos políticos, y a las eleciones de los candidatos que proviene de fondos sucios. Hablando en claro, hay dinero de la droga financiando las campañas presidenciales en EE.UU.

Es decir que las bandas de narcotraficantes dominicanos que han dominado el comercio de las drogas en el noreste de Estados Unidos, especialmente en Nueva York y Pensilvania han venido haciendo donaciones a las campañas regulares del campo demócrata desde principios de los años 90, empezando por la campaña presidencial Clinton-Gore.

Los cuatro estados más grandes para la importación y comercio de drogas son Nueva York, Florida, Texas y California. Y los cuatro principales estados de lavado de dinero en los EE.UU. También son Nueva York, Florida, Texas y California. El 80% de todos los fondos de las campañas presidenciales provienen de Nueva York, Florida, Texas y California. ¿Quiénes fueron los gobernadores de Texas y Florida en 2000? George W. Bush, y Jeb Bush respectivamente. California está en las manos de los demócratas. ¿Y el estado de Nueva York con sus 29 votos?

De hecho, el dinero de la droga jugó directamente en la campaña de Al Gore como el contrapeso del dinero de la droga que fluyó hacia la campaña de Bush hijo. Pero fue la República Dominicana, la que emergería como el hermano más fuerte en la política de las drogas. Esto se debió principalmente a dos razones: una, la República Dominicana, en la mitad este (East) de la isla Hispaniola estaba a solo ochenta millas de la Commonwealth de Puerto Rico. Las drogas sudamericanas introducidas de contrabando con éxito en Puerto Rico, podían viajar a Nueva York sin ser interferidas por la Aduana de los Estados Unidos porque ya estaban en los Estados Unidos. Otra cosa, estando extremadamente bien organizados y siendo la minoría étnica más grande en la ciudad de Nueva York y en toda Nueva Inglaterra, los dominicanos poseían redes de distribución de drogas listas para usar, y difíciles de infiltrar en todo el este de los Estados Unidos. Según las investigaciones del Centro Nacional de Inteligencia sobre Drogas, las mafias dominicanas controlan del 12 al 33% de las aproximadamente 500 toneladas métricas de cocaína que ingresan cada año a los Estados Unidos.

La ciudad de Nueva York, más concretamente, el área de Washington Heights en el Upper West Manhattan, es el centro de distribución y el centro de mando de la actividad de las drogas dominicanas en el territorio continental de EE. UU. John McLaughlin, un agente de la Oficina del Fiscal General de Pensilvania, comenzó desde 1995 a desarrollar un equipo de informantes dominicanos que trabajaban con redes de narcotraficantes en Filadelfia. Esos informantes condujeron directamente al corazón del Partido Revolucionario Dominicano (PRD) que gobernaba el país dominicano.

Lo que sorprendió a McLaughlin fue que cada líder del PRD en Estados Unidos era un traficante importante con un número de la DEA NADDIS. Los números de NADDIS se emiten a sospechosos de tráfico de drogas, y asesinos a sueldo cuando la DEA o el FBI inician investigaciones abiertas. Se trata siempre de peces gordos. Pensando que estaba cumpliendo con su deber, McGlaughlin notificó a la CIA y al Departamento de Estado sobre a dónde lo habían llevado sus investigaciones. La CIA vino a Filadelfia para reunirse con McLaughlin pero no para tomar medidas y arrestar a los altos mandos narcotraficantes dominicanos; sino para advertirle que dejara de investigar porque el PRD era el Partido elegido y aprobado tanto por el Departamento de Estado de Bill Clinton como por la CIA. No solo eso, reuniones posteriores revelaron que en diciembre de 1994, el Sub-secretario de Estado, Alex Watson había viajado a la República Dominicana para reunirse con el jefe del PRD, José Francisco Peña-Gómez que era: ¡El sospechoso narcotraficante número uno del Fiscal General de Pennsylvania!

Dos años mas tarde, en una noche de septiembre de 1996, en el Coogan's Pub en Washington Heights de Nueva York, los líderes del PRD Simon A. Diaz, Vice-presidente de la Comisión Ejecutiva del PRD (NADDIS # 3164850 - Money Launderer), y Pablo Espinal, Comisión Ejecutiva del PRD y Presidente de Zona (NADDIS # 1289859 File # ZL-79-0017- Money Launderer) realizan una recaudación de fondos para el Vice-presidente Al Gore, quien se mostró muy feliz de asistir en persona al evento. Muchos de los asistentes esa noche tenían condenas judiciales por venta de toneladas de cocaína, violencia con armas, y lavado de millones de dólares en dinero de la droga.

Hagámonos una pregunta: ¿Es posible que el personal del Servicio Secreto del Vice-presidente Al Gore no supiera que la mayoría de las personas en Coogan's Pub tenían números NADDIS, y muchos de éllos con antecedentes de violencia y narcotráfico? ¿Es posible que el FBI no lo supiera? ¿Es posible que la DEA no se lo haya dicho al Servicio Secreto? Para el registro, es obligatorio que el Servicio Secreto realice verificaciones de antecedentes de todos los que organizan una función con el Presidente o con el Vice-presidente, o con cualquier miembro de su familia; y para ello buscan en casi todas las bases de datos que existan.

Las principales figuras del Partido Demócrata estadounidense que hacen negocios con narcotraficantes y Agencias de Inteligencia no son tan sorprendentes como podría parecer. El periodista de investigación estadounidense Daniel Hopsicker entrevistó a personas con información privilegiada de Irán-Contra que le dijeron que el poderoso abogado demócrata Richard Ben Veniste había incorporado en 1982, una compañía llamada Trinity Oil para Barry Seal como vehículo para lavar el enorme flujo de efectivo de cocaína de Barry Seal. Seal, el traficante de drogas más grande de la historia de EE.UU. Era íntimo amigo del ex Presidente George Bush padre.

Claramente en los años 80, el Partido Demócrata había tomado nota de los viejos veteranos de la OSS / CIA que habían adquirido décadas de experiencia en el tráfico de drogas en Córcega, Francia, Vietnam, Laos, Corea, Tailandia y Taiwán. Habían utilizado el narcotráfico para financiar elecciones, formar cuadros políticos, comprar instituciones; y habían utilizado esa experiencia para elegir a Ronald Reagan. Los demócratas ahora estaban de regreso en el juego cuando toneladas de cocaína protegida por la CIA comenzaron a fluír a través de un pequeño pueblecito de Mena en el estado de Arkansas, cuyo Gobernador por aquel entonces era un desconocidísimo Bill Clinton, y gran parte del dinero fluía a través de los bancos, de agencias estatales, y de bufetes de abogados de Arkansas.

En 1992, Clinton, apoyado y respaldado por el narcotráfico organizado se convertió en el 42° Presidente de los EEUU. El resto, es historia.

Jeb Bush

Ahora, os quiero contar la historia de Jeb Bush. Muy pocos saben que Jeb Bush, ex Gobernador de Florida, hermano del ex Presidente George Bush, se desempeñó como agente de cobertura no oficial de la CIA en Venezuela, mientras trabajaba para la división internacional del Texas Commerce Bank. Los medios corporativos han ocultado bien la revelación sobre los vínculos pasados de Jeb Bush con la CIA.

Texas Commerce Bank era una cobertura óptima para las actividades de la CIA. Este banco financió actos terroristas a lo largo y ancho de América Central entre finales de los años 70 y principios de los 80; y también era el banco de cobertura del lavado del dinero de las drogas. El banco fue fundado por la familia de James Baker, amigo íntimo de los Bush, y ex Secretario de Estado de Bush padre entre 1989 a 1992. Era una práctica estándar que los agentes encubiertos de la CIA se ubicaran en diferentes bancos y empresas de inversión. Otros bancos utilizados por la CIA para operaciones secretas incluyen al Bank of America, el Chase Manhattan Bank, y el Manufacturers Hanover.

La historia va asi: En 1977, poco tiempo después de que su padre George HW Bush dejara la CIA como Director, Jeb, quien hablaba español con fluídez como resultado de su tiempo como estudiante de intercambio en Guadalajara, fue enviado junto con su esposa mexicana a Caracas, Venezuela para trabajar como "gerente de sucursal", y vice-presidente a la temprana edad de 24 años. El trabajo de Jeb para la CIA en Caracas en el año 1977 se produjo unos meses después de la peor ola de terrorismo de la CIA en la historia, que también coincidió con el único año de George H. W. Bush como Director de la CIA.

Pero Jeb no era un "gerente de sucursal" común y corriente. Era oficialmente, el máximo responsable del Texas Commerce

Bank en la capital venezolana y, extraoficialmente, el principal enlace financiero de la CIA con la industria petrolera venezolana y los narco-carteles colombianos. Jeb informaba regularmente a su homólogo de la "cobertura oficial" de la CIA adjunto a la embajada de Estados Unidos en Caracas como "diplomático" del Departamento de Estado.

Jeb ayudó a sentar las bases para la futura guerra encubierta de la administración Reagan-Bush en la década de 1980 contra Nicaragua, y las guerrillas de izquierda en el Salvador; al establecer vínculos bancarios y de lavado de dinero entre la CIA y los carteles de la droga de Medellín y Cali. Los amigos de Jeb en los carteles colombianos −en particular el jefe del cartel de Medellín, Pablo Escobar−, ayudarían a financiar a las Contras Nicaragüenses a cambio de armas suministradas por la CIA. Mientras estuvo en Venezuela, Jeb se las arregló hábilmente para ocultar los ingresos de la droga del cartel colombiano como ingresos de la industria petrolera de las empresas "fachada". El Texas Commerce Bank, fue el banco elegido por los cárteles de la droga latinoamericanos. Más tarde se descubrió que había escondido $7 millones de dólares en ganancias de drogas para el cartel del Golfo de México.

De estos $7 millones de dólares, por lo menos $3,2 millones de dólares de ese dinero, financiaron la Operación Cóndor a través de terroristas conocidos como Stefano Delle Chiaie, el protegido de José López Rega, el padrino del escuadrón de la muerte de la Triple A. A principios de 1979, Delle Chiaie, a través de la coordinación de la CIA desde Caracas, se dirigió a Centroamérica para enseñar las últimas técnicas de asesinato al organizador de los escuadrones de la muerte de El Salvador, el coronel Roberto D'Aubuisson. Al hacerlo, Delle Chiaie conoció a miembros de Omega 7, Alpha 66 y otros exiliados cubanos que luchaban junto a los Contras Nicaragüenses patrocinados por la CIA contra el gobierno izquierdista sandinista de esa nación centroamericana.

Las guerras son caras, y las guerras secretas son incluso más costosas; lo que por la escasez de fondos, se tomó la decisión en Washington de aplicar los procedimientos de la venta de cocaína boliviana a la represión continua de las fuerzas de izquierda en Centroamérica. Se acordó organizar la transferencia necesaria de drogas y dinero a través del Texas Commerce Bank en Caracas. El oficial de inteligencia vinculado a la Liga Anticomunista Mundial, el comandante Hugo Raúl Miori Pereyra, fue puesto a cargo de los envíos de cocaína a la base de la Fuerza Aérea Salvadoreña desde donde la droga se pasaría de contrabando hacia los Estados Unidos, a través de rutas bien establecidas.

Esto por un lado. Uno de los asociados cercanos de Jeb Bush en Miami fue el terrorista cubano Orlando Bosch. Bosch fue una figura clave en la Operación Cóndor de la CIA, la cual fue una alianza de dictaduras militares latinoamericanas que puso en la mira a líderes de la izquierda para asesinarlos. Bosch ayudó a llevar a cabo el atentado con bomba en octubre de 1976 del vuelo 455 de Cubana Airlines, que se dirigía de Barbados a Jamaica. Los 73 pasajeros del vuelo y la tripulación murieron en el ataque, incluidos niños y el equipo de esgrima cubano.

El complot del atentado de Cubana Airlines se preparó en 1976 en Washington en una reunión entre Bosch y otro terrorista cubano, Luis Posada Carriles y Michael Townley de la CIA. El padre de Jeb, el Director de la CIA y después ex Presidente George HW Bush, estaba al tanto del complot; así como de otro complot para asesinar al ex Canciller chileno Orlando Letelier. Letelier y Roni Moffitt, su socio estadounidense, murieron cuando el automóvil donde viajaban explotó en Sheridan Circle frente a la Embajada de Irlanda en Washington, el día 21 de septiembre de 1976, una semana antes de que el avión de Cubana Airlines volara en el cielo frente a Barbados.

Los ladinos medios de comunicación estadounidenses con astucia han encubierto las relaciones intimas entre los terroristas

Codina, Bosch y Posada Carriles como parte del círculo íntimo de amigos de Jeb, círculo que también incluía al empresario cubano y ex agente de la CIA, Camilo Padreda, ex espía del dictador cubano Fulgencio Batista; y a Hernández Cartaya, también agente de la CIA, ambos posteriormente acusados de malversación sistemática de fondos del banco Jefferson Savings y Loans de Texas para financiar a los Contras Nicaragüenses via el Texas Commerce Bank.

Los medios de comunicación

Me gustaría contestar la pregunta que muchos me hacen: ¿Cómo es posible que los grandes medios de comunicación estén a favor del Estado Profundo? Están a favor de encubrir los asesinatos de su gobierno, a favor de los Golpes de Estado, y de otros crímenes contra la humanidad.

Para empezar, todos los grandes medios de comunicacion forman parte del complejo military-industrial. Por ejemplo, Time Warner controla 292 empresas y filiales distintas en 84 países. De ellas, 22 son empresas conjuntas con otras corporaciones importantes que están relacionadas en distinta medida con las operaciones mediáticas. Entre estos socios figuran eBay, Hewlett-Packard, Citigroup, American Express, Sony, Bertelsmann, la casa editorial más grande del mundo; Polygram Records, y Amazon.

Disney posee ocho estudios de producción cinematográfica, y distribuidoras de películas con presencia en todos los mercados importantes; once canales por cable, entre los cuales Disney, ESPN, A&E y el History Channel que nos lava el cerebro con su visión retorcida de la historia; trece canales de emisión internacional que abarcan desde Australia hasta Brasil; siete unidades de producción y de deportes en todo el mundo, y diecisiete sitios web, incluído el grupo ABC.

Vivendi Universal posee el 27% de las ventas de música en Estados Unidos. Otras, Universal Studios, Studio Canal, Polygram Films, Canal +, numerosas empresas de internet y de telefonía móvil; por no hablar de artistas como Lady Gaga, The Black Eyed Peas, Lil Wayne, Rihanna, Mariah Carey, y Jay-Z.

Sony es propietaria de Columbia Pictures, Sony Pictures Classics, y controla el 15 % de las ventas de música en Estados Unidos, con sellos como Columbia, Epic, Sony, Arista, Jive y RCA Records; y artistas como Beyoncé, Shakira, Michael Jackson, Alicia Keys, y Christina Aguilera.

Estos artistas de fama internacional con sus ideas y opiniones supuestamente diferentes influyen directamente en el público en general. Y eso significa que un único mensaje, presentado siempre desde distintos ángulos puede saturar fácilmente todas las formas de medios de comunicación para que la gente acepte las mentiras como las verdades absolutas (por ejemplo, Venezuela, una amenaza y el mayor peligro para la democracia en USA; Estados Unidos es el hermoso país de la libertad y de los Derechos Humanos; Putin-dictador; el mundo tiene envidia de USA por su democracia, como decía George Bush).

La propaganda y el lavado del cerebro se extienden más allá de las fronteras de USA. Por ejemplo, la Thomson Corporation con sede en Toronto, Canadá posee 105 diarios y 26 semanarios en Estados Unidos, sobre todo en los mercados más reducidos, que la prensa de las grandes ciudades no domina.

El Pearson Group, un imperio de tres mil millones de dólares dirigido desde Londres, es uno de los grupos mediáticos más influyentes en el imperio Británico, y en el mundo. Posee varios periódicos —su buque insignia es el más importante de la City de Londres, el *Financial Times*—, así como la mitad de la revista *The Economist*.

Fox News, perteneciente a News Corp, con sus Congresos de Nuremberg diarios para teleadictos, es propiedad de Rupert Murdoch quien posee una parte importante de los medios de comunicación del mundo; entre ellos, su publicación bandera, el *Wall Street Journal*; además del estudio cinematográfico 20th Century Fox. El imperio mediático de Murdoch ha sido el principal medio propagandístico de la "guerra perpetua" de los neoconservadores y los esbirros nazis. Lo de Fox=Trump, ha sido una propaganda muy bien diseñada para capturar a la franja de la poblacion estadounidense vehemente en contra de los Clinton, Obama y Biden. Tres presentadores de Fox hablan bien de Trump. Pero su plantilla cuenta con cientos de periodistas y presentadores, todos a favor de Biden, como hemos visto durante el primer debate presidencial con el moderador, Chris Wallace.

Reuters News Media opera la mayor agencia de noticias del mundo, con la red privada internacional de comunicaciones por cable y satélite más amplia del planeta. Sus servicios informativos, en 19 lenguas, de los que se nutren casi todos los principales medios informativos del mundo, suministran crónicas además de noticias a cientos de miles de medios de comunicación en el planeta. Reuters Television es la agencia internacional de noticias televisivas más importante del mundo; y llega a 800 millones de hogares a través de 600 organismos de radiodifusión en más de 80 países.

Dow Jones es famoso por su publicación del *Wall Street Journal*, que es la biblia financiera nacional. Associated Press es la agencia de noticias más importante y más antigua del mundo. En un día cualquiera, produce unos veinte millones de palabras y millares de imágenes, para todo el mundo. También ofrece un servicio de contenidos seleccionables, una serie de servicios de información y de audioexto, y gráficos televisivos. Además opera, vía satélite, un servicio nacional de noticias radiofónicas para varios centenares de emisoras de radio, lo que la convierte en la red radiofónica más grande de Estados Unidos. Su red nacional comprende más de seis mil emisoras de radio; y a través de su transmisión internacional, dispone de millares de medios de comunicación en el extranjero.

En Estados Unidos, el *New York Times* y el *Washington Post* son órganos mediáticos claves de la poderosa élite relacionada con el Club Bilderberg y la élite del Estado Profundo. El *Washington Post*, fundado por Eugene Meyer, es la voz del Washington oficial, y siempre ha defendido una presidencia débil y, a la larga, una Reserva Federal, una corporación bancaria privada, fuerte.

El *New York Times* posee la mayor capacidad de obtención de noticias del mundo, y es el doble de grande que su competidor más cercano. El *Times* es también propietario del *International*

Herald Tribune, que se vende en más de 180 países, con una circulación diaria de varios millones de ejemplares. El *New York Times* ha servido a los intereses de la familia Rockefeller a través de una larga y duradera amistad. Su consejo de adminitracion pertenece al Consejo de Relaciones Exteriores, al Club Bilderberg, a Comisión Trilateral, y a un sin fin de think tanks, y fundaciones entrelazados con la élite globalista liberal banquero financista.

Estos pesos pesados de los medios de comunicación no se limitan a analizar e interpretar la política exterior de Estados Unidos, sino que contribuyen a elaborarla. En lugar de ofrecer un punto de vista independiente acerca de la política, estos medios del *establishment* son la voz de la élite gobernante; y condicionan al público para que acepte, e incluso abrace proyectos de los «iniciados» que, de otro modo, tal vez sería imposible de llevar a cabo.

Otro peso pesado de los medios de comunicación es *The Economist*, de Londres. Es el portavoz de la City de Londres, y empezó a publicarse en pleno auge de la Compañía Británica de las Indias Orientales, en 1843; hoy en día en las manos de la familia Rothschild.

Después tenemos la Corporation for Public Broadcasting, PBS; supuestamente una institución pública. Disponible en el 99 por ciento de los hogares estadounidenses con televisión, PBS ofrece sus servicios a casi 90 millones de personas a la semana. El Consejo de Administracion de PBS está compuesto por los altos representantes estadounidenses del Club Bilderberg, y CFR.

Para terminar, los medios de comunicación de masas actúan como propulsores del cambio, y lo que cambian es la forma en que las personas interpretan el mundo que los rodea. Las élites de los medios de comunicación practican una forma brutal, aunque oculta, de censura de las noticias; pero los mecanismos de este control se reconocen ahora abiertamente. Repito, los medios de comunicación corporativos son una parte fundamental del *establishment* económico, con vínculos en Wall Street, los gabinetes estratégicos de Washington y Londres, con los organismos privados supranacionales que comparten entre si la visión del mundo globalizado, chipizado, vacunado y controlado vía Big Data, Gran Hermano, y los campos de concetración electrónicos sin lágrimas. Bienvenidos todos al Nuevo Orden Mundial.

Sistema financiero internacional, el gran aliado de la droga

Recientemente, las autoridades colombianas multaron al Banco de Occidente del Grupo Aval por lavar el dinero de las drogas. No debería sorprendernos. Bancos estadounidenses y europeos han servido de plataforma a los carteles de la droga para el lavado del dinero sucio de sus operaciones. Por ejemplo, el Banco Wachovia, fundado en 1879. El Banco Wachovia, era el cuarto mayor banco en los Estados Unidos en activos totales, y era uno de esos bancos que entre el 2004 y 2007 manejó fondos por el orden de los $378 mil millones de dólares provenientes de casas de cambio de moneda mejicana que pertenecen o actúan en nombre de los carteles del narcotráfico. Estas transacciones han sido, la más grande violación de la Ley del Secreto Bancario en la historia de Estados Unidos.

Según publicó el New York Times en el año 2010, la agencia reguladora de la actividad bancaria en los Estados Unidos la Federal Deposit Insurance Corporation (FDIC), revelo que el consorcio financiero HSBC de los Rothschild tenía graves deficiencias en sus controles para prevenir el lavado de dinero. Esta entidad financiera permitió transacciones por el orden de los $ 60 billones de dólares en 17 mil cuentas sospechosas. A pesar de esto la FDIC –agencia reguladora– no impuso ninguna sanción al banco en cuestión.

Años después, en 2013, un juez federal impuso una multa de $1900 millones de dólares al HSBC para absolverlo de los cargos que se le imputaban por el lavado de miles de millones de dólares pertenecientes a los carteles de la droga en América Latina. Se estima que esta entidad financiera manejo unos siete mil millones en efectivo de moneda estadounidense.

Al HSBC, se le unen otra serie de famosos de la banca mundial, entre ellos; Credit Suisse, Lloys Bank, ABN Amor, ING Bank, Citibank, JPMorgan que también han sido descubiertos en operaciones ilegales lavando miles de millones de dólares de las drogas. El Wachovia y HSBC no serán el primero y el ultimo en participar de esta mil millonaria danza de los dineros del narcotráfico. Hace seis años una filial de Barclays −el Barclays Private Bank− fue utilizada para lavar dinero en cinco cuentas estrechamente relacionadas con los jefes del cartel de Medellín.

Como si esto fuera poco, en 2008 Wells Fargo compró el Wachovia. A raíz de la crísis financiera, no solo los grandes bancos recibieron jugosos rescates del gobierno federal, muestra de ello son los $25 mil millones de dólares que recibió Wells Fargo del gobierno de los Estados Unidos. Por un lado reciben auxilios financieros de los gobiernos y por otro se lucran de los beneficios del comercio mundial de las drogas que en última instancia ayudaron a mantener a flote a Wells Fargo y otros bancos.

Wells Fargo, es de esas entidades financieras que sabe triangular muy bien sus negocios: lava dinero de la droga, recibe auxilios financieros, y también es la segunda más grande empresa con inversiones en las prisiones privadas en los Estados Unidos.

Del otro lado del océano, en el Reino Unido, el Banco Coutts, propiedad del Royal Bank of Scotland Group y banqueros de la familia real británica, está siendo utilizado por las mafias de la droga para el lavado de millones de libras. En 2012, la Autoridad de Servicios Financieros británicos multaron banco Coutts con £8.75 millones por los "graves y sistemáticos fallos al manejar el dinero de presuntos delincuentes o déspotas extranjeros."

Otro de los bancos multados es el ING, que en 2012 fue condenado a pagar $619 millones de dólares, por el delito de lavar ilegalmente miles de millones de dólares a través del sistema bancario de los Estados Unidos desde la década de 1990 hasta 2007. Al develarse los datos incrustados en los mensajes de pago que dejaron al descubierto la ilegalidad de las transacciones, salieron a relucir los nombres de los clientes algunos de ellos de Sudan, Libia e Irán y por supuesto de personas relacionadas con los carteles de la droga.

Las entidades financieras en la tierra de Bonaparte, tampoco escapan a los escándalos por actividades ilícitas. El PNB Paribas, principal banco de Francia llegó a un acuerdo en 2014 con la fiscalía estadounidense, para pagar una multa por la módica suma de $9 mil millones de dólares tras reconocer, su participación en el movimiento de miles de millones de dólares a través del sistema financiero norteamericano.

Las principales entidades bancarias occidentales son demasiado grandes para quebrar, demasiado criminales para ir a la cárcel; y demasiado poderosas para controlarlas. La noción de cualquier dicotomía entre la economía criminal global y lo "legal", es una fantasía. Peor aún, es una mentira. Son, sin fisuras, mutuamente interdependientes: uno y el mismo. Bienvenidos al mundo de la realidad paralela.

EL DINERO SUCIO DE LAS DROGAS, WALL STREET Y LA CIA

Es probable que la cantidad exacta de ganancias que genera anualmente el negocio de las drogas esté entre los secretos mejor guardados del mundo. Sin embargo, según expertos analistas, la cifra redondeada está en torno a los $900 mil millones de dólares al año. De hecho, el dinero de la droga se convirtió en una parte esencial del sistema bancario y financiero mundial, ya que proporciona la liquidez necesaria para realizar los pagos mensuales mínimos de las enormes reservas; y de las burbujas de derivados e inversiones de Estados Unidos.

El valor de las acciones de todas las empresas que cotizan en Wall Street está basado en los ingresos anuales netos. Conocido con el nombre de *price to earnings* (PER), este efecto multiplicador de la equidad de los accionistas puede ser, como mucho, de un factor entre treinta. De esta forma, para que las empresas más grandes, como el Banco Chase Manhattan, General Electric o Brown Brothers Harriman, tengan unos ingresos adicionales de $10 millones de dólares provenientes del comercio de la droga, el incremento neto de la equidad de la empresa debería ascender a $300 millones de dólares.

Otra cosa que habitualmente se pasa por alto del lucrativo comercio ilegal de la droga es la fantástica cantidad de dinero que las empresas pueden ganar recibiendo préstamos a un tipo de interés más bajo de los traficantes de drogas, y de naciones que trafican con narcóticos; y blanqueándolos para conseguir beneficios astronómicos. Cuando $100 mil millones de dólares ilegales e inútiles se prestan a una empresa gigante al 5%, el dinero a cambio, se vuelve legal y líquido.

Ahora, el negocio de las drogas tiene mucho poder porque está subvencionando a las inversiones de las empresas más grandes del mundo. Subvencionan a políticos. Ha enganchado a los gringos de

Wall Street. Wall Street no se puede permitir que caigan los magnates de los narcóticos. Los Presidentes y sus finanzas de campaña tampoco pueden permitirlo. ¿Por qué? Porque la economía piramidal capitalista controlada por el 1%, no puede asumir el riesgo de dejar que la competencia (en los negocios o en la política) cuente con la ventaja de usar el dinero procedente de la droga. Y por cada millón de dólares de incrementos en ventas o de incremento en ingresos procedentes de una compra total, la equidad de acciones del 1% que controla Wall Street aumenta entre veinte y treinta veces más.

A finales de junio de 1999 varias agencias de noticias, incluida la Associated Press, informaron de que Richard A. Grasso, el presidente de la Bolsa de Nueva York, había volado hasta Colombia para reunirse en la jungla con el portavoz de Raúl Reyes, de las FARC.

El propósito del viaje era "llevar un mensaje de cooperación por parte de los servicios financieros de Estados Unidos", y debatir las inversiones extranjeras y el futuro papel de Estados Unidos en Colombia. ¿Qué tiene Colombia que pueda desear tanto en Washington? Obvio. Dinero procedente de la droga: más de un billón de dólares en patrimonio que se ha ido acumulando en el país a lo largo de hace ya más de treinta años. Son unos recursos casi ilimitados que hacen que Wall Street salive sólo con pensar canalizarlos a través de sus mercados financieros.

La Agencia Central de Inteligencia está bastante involucrada en todo esto como ya lo hemos visto antes. El nombre de la CIA se ha visto relacionado con el comercio de la droga durante la mayor parte de sus más de sesenta años de existencia. La mayoría de los actores fundamentales de la historia de la CIA han mantenido una relación especial con el sistema financiero norteamericano. Por ejemplo: Clark Clifford, abogado y agente de bolsa de Wall Street; y ex Secretario de Defensa durante el mandato de Lyndon B. Johnson. Clifford fue acusado de cargos criminales como presidente del First American Bankshares, un banco secretamente controlado por el corrupto banco de la droga de la CIA, el BCCI; el cargo criminal era haber obtenido $6 millones de dólares en beneficios por medio de acciones bancarias compradas con un préstamo no garantizado concedido por el BCCI.

¿Recuerden la Ley de Seguridad Nacional de 1947 que creó la CIA? Bien, fue redactada por Clark Clifford. Este hombre, trajo a los Estados Unidos el banco de drogas BCCI respaldado por la CIA. Otro, Allen Dulles quien virtualmente diseñó la CIA y se desempeñó como su Director; y su hermano John Foster, quien fuera el Secretario de Estado de Eisenhower, eran los dos abogados de Wall Street de la firma Sullivan and Cromwell. El enlace personal de Dwight Eisenhower con la CIA no era otro que Nelson Rockefeller. Y William Casey fue presidente de la Comisión de Bolsa y Valores de Richard Nixon. Richard Helms, Director de la CIA. Acusado y procesado por mentir al Congreso en 1976, y Clark Clifford fue su abogado.

Allen Dulles, fue el mejor espía norteamericano de la Oficina de Servicios Estratégicos (precursora de la CIA) de Suiza. Allí se reunía con frecuencia con líderes Nazis, y cuidaba de las inversiones estadounidenses (léase, de Rockefeller) en Alemania. Era también, ejecutivo de Standard Oil, una empresa de Rockefeller; Diseñador de la CIA; fue Director de la CIA con Eisenhower. Su profesión: socio del bufete de abogados más poderoso de Wall Street, Sullivan & Cromwell; y el responsable de inundar Estados Unidos de LSD en los años sesenta.

Bill Casey: Director de la CIA con Reagan, y veterano de la OSS. Durante el mandato de Nixon estuvo al frente de la Comisión de Valores. Su profesión: abogado y corredor de bolsa de Wall Street. Estuvo implicado en una actividad clasificada de la CIA que recibió el nombre de Amadeus —una tapadera de la CIA— que dirigía el blanqueo del dinero procedente de las drogas a través de un montón de bancos de todo el mundo. Cinco meses antes de morir a causa de un tumor cerebral inoperable, admitió que la CIA estaba implicada en el tráfico de estupefacientes. Dejó firmada una declaración jurada ante notario en la que atestiguaba este hecho, y en la cual Richard Nixon actuó como testigo.

EL VÍNCULO DE LOS GRANDES BANCOS Y EL NEGOCIO DE LAS DROGAS

En los anteriores reportajes hemos hablado de los vínculos de la CIA y el gobierno estadounidense con las drogas desde los años 50. Hemos sacado a la luz el financiamiento turbio de los partidos políticos, y el papel principal de una de las familias mas adineradas de USA en el negocio de las drogas. Trataremos ahora el papel de algunos de los bancos principales en este negocio sucio, y la maquinaria del poder político que lo maneja.

Nadie se sorprenderá de que la mayoría de los bancos extranjeros que lavan miles de millones de dólares para clientes criminales tengan cuentas en Estados Unidos. Algunas de las más importantes entidades especializadas en transferencias internacionales de fondos tramitan por Internet hasta un billón de dólares al día. De acuerdo con una investigación del Congreso de los Estados Unidos que se llevó a cabo en 2010, los bancos estadounidenses y europeos blanquean entre $500.000 millones y un billón de dólares al año del crimen internacional; la mitad de los cuales los "lavan" en solitario los bancos de Estados Unidos. Según el ex senador de Michigan, Carl Levin: "Se estima que la mitad de ese dinero viene a Norteamérica". En otras palabras, durante la última década, los bancos de Estados Unidos lavaron entre $2,5 y $5 billones de dólares a través de los circuitos financieros estadounidenses. ¿Qué significa todo esto?

Sin ese dinero ilegal, la economía de Estados Unidos se hundiría. Por lo que se sabe, el déficit comercial de Norteamérica es de unos $900.000 millones de dólares. Ahora, comparémoslo con la cantidad de dinero lavado, que oscila entre los $250 y los $500.000 millones de dólares al año. El dinero sucio cubre parte del déficit estadounidense en su balance commercial. Sin el dinero sucio, las cuentas externas de la economía de Estados Unidos serían totalmente insostenibles, los estándares de vida caerían en picada y el dólar se debilitaría; la inversión disponible y el capital se reducirían, y Washington no sería capaz de sostener su imperio global.

La promulgación de leyes más restrictivas para regular la banca podría poner fin, literalmente hablando, al flujo multimillonario de dólares de la noche a la mañana. Los bancos más destacados de Estados Unidos están íntimamente ligados al negocio del blanqueo de dinero, y sostienen el poder global de Norteamérica por medio del lavado de capitales y la gestión de fondos ilegalmente obtenidos en el extranjero. Las instituciones bancarias de primera línea utilizan dos medios diferentes para blanquear dinero: los bancos privados y los bancos corresponsales.

Los bancos privados dan servicio a clientes extremadamente ricos, ya que requieren depósitos mínimos de un millón de dólares. Son muy atractivos para el lavado de capitales porque más que un consejo financiero, lo que venden es la confidencialidad para los clientes del dinero sucio. Por lo general, suelen usar nombres en clave para las cuentas, establecen «cuentas de concentración» que mezclan fondos bancarios con fondos de clientes (eliminando toda prueba escrita de las transferencias electrónicas de miles de millones de dólares), y erigen corporaciones de inversión extranjeras en países con estrictas leyes de privacidad, como son las islas Caimán, las Bahamas, etcétera.

La segunda ruta relacionada con la anterior, que usan los grandes bancos para lavar cientos de miles de millones de dinero sucio son los «bancos corresponsales»; una técnica financiera en la que el dinero ilícito se mueve de un banco a otro sin hacer preguntas; de tal modo que se limpian los fondos antes de utilizarlos en el mercado legal. Los bancos corresponsales simplemente ofrecen a otras entidades la posibilidad de mover los fondos, cambiar divisas o realizar otras transacciones financieras.

Hoy en día, Citigroup sigue siendo uno de los mayores bancos de blanqueo de capitales de Estados Unidos. Durante más de treinta años, los grandes bancos han sido actores claves en el tráfico de drogas. La Oficina de las Naciones Unidas contra la Droga y el Delito determinó la magnitud de los fondos ilícitos generados por el tráfico de drogas. El Informe estima que en 2009, las ganancias delictivas ascendieron al 3,6% del PIB mundial, con un 2,7% (o sea 1,6 billones de dólares) siendo dinero lavado. De hecho, el Director de la Oficina de las Naciones Unidas contra la Droga y el Delito dice que los narcotraficantes mantuvieron a flote el sistema bancario durante la crísis financiera de 2008.

Washington y los medios de comunicación han retratado a Estados Unidos en la vanguardia de la lucha contra el narcotráfico, el lavado de drogas y la corrupción política: la imagen es de manos limpias y blancas luchando contra el dinero sucio del Tercer Mundo (o sea los países ex comunistas o los narcos Latinos). La verdad es exactamente la contraria. Los bancos estadounidenses han desarrollado un conjunto de políticas muy elaboradas para transferir fondos ilícitos a los Estados Unidos invirtiendo esos fondos en negocios "legítimos" o bonos del gobierno de los Estados Unidos, y legitimarlos.

El Congreso de los Estados Unidos ha celebrado numerosas audiencias, ha presentado exposiciones detalladas de las prácticas ilícitas de los bancos, ha aprobado varias leyes y ha pedido una aplicación más estricta por parte de varios reguladores públicos y banqueros privados. Sin embargo, los bancos más grandes continúan con sus prácticas, las sumas de dinero sucio crecen exponencialmente porque tanto el Estado como los bancos no tienen ni la voluntad ni el interés de ponerle fin a esas "prácticas dudosas", las cuales brindan altas ganancias, y apuntalan un imperio que de otro modo sería muy frágil.

En la década de 1990, Citibank creó cuentas de clientes especiales para los grandes traficantes de drogas. Uno de los casos más infames sacó a la luz los vínculos de Citigroup con los carteles de la droga cuando Raúl Salinas de Gortari –hermano del ex Presidente mexicano Carlos Salinas de Gortari– fuera arrestado luego de que su esposa Paulina Castañón, intentara retirar $84 millones de dólares de una cuenta suiza controlada por su marido Raúl Salinas bajo un alias. Según un informe de la Oficina de Contabilidad General de los Estados Unidos: "Con la ayuda de los funcionarios bancarios, en 1992, Salinas pudo disfrazar efectivamente la fuente de esos fondos, y su destino".

Uno pensaría que con tan mala prensa, un banco mundial como el Citi se dedicaría a otros tipos de negocios. No es así. En 2001, Citibank aún estaba lavando dinero de la droga mexicana. Entre 2001 y 2003, un banco de los *offshore* en las Islas Caimán que no tenía oficinas corporativas en ningún lugar del mundo, y vinculado al Citibank movió más de US $300 millones de dólares a través de las cuentas de Citibank en Nueva York, antes de que finalmente fueran cerradas por el gobierno estadounidense.

Y nada ha cambiado desde entonces. Durante más de veinticinco años, los blanqueadores de dinero de las despiadadas bandas de narcotraficantes mexicanos y colombianos, han tenido un aliado formidable: los bancos internacionales. En 2013, la Reserva Federal, actuando como regulador bancario, volvió a apuntar al Citigroup y a su subsidiaria Banamex USA, por fallas en los controles de lavado de dinero. Los vínculos entre Citigroup, Banamex y el narcotráfico están profundamente enredados con los cárteles mexicanos de la droga.

El 17 de mayo de 2001; Citigroup, por aquel entonces la institución financiera más grande de Estados Unidos con unos $700 mil millones de dólares en activos, anunció la compra de $12,5 mil millones de dólares de la empresa matriz de Banamex que controla unos $39 mil millones de dólares en activos. La medida colocó al Citigroup en control de una de las principales y probadas instituciones de lavado de dinero en México, y permitió a Citigroup penetrar en el mercado de valores mexicano.

El nivel de criminalidad en los sistemas políticos y financieros de EE.UU. ha alcanzado un umbral tal, que ya no se puede seguir ocultando del público. Los supuestos esfuerzos de lucha contra las drogas por parte del gobierno estadounidense ahora se revelan como nada más que una farsa en reacción al imperativo de administrar el tráfico de drogas para no perder el control de los billones de dólares en juego. El crimen se ha convertido abiertamente en la empresa libre más grande del mundo.

El hecho consumado es que el dinero de la droga y el dinero delictivo están ahora fuera del armario como los determinantes más importantes del éxito económico del sistema financiero global de Estados Unidos. La arrogancia descuidada de estos movimientos sólo demuestra la absoluta confianza en Washington, en Wall Street y en el sistema bancario en general de que ninguna voz del desierto podrá detenerlo.

Nueva Estrategia de desestabilización de los países (Primera parte)

En una serie de reportajes os explicaré las nuevas técnicas de desestabilización de los países. Estos reportajes actualizados, están basados en unos informes que preparé en 2015 para advertir a varios países situados en el "punto de mira" del Estado Profundo, el peligro que corrían y mis sugerencias personales basadas en muchos años de experiencia en el campo de cómo contrarrestar los riesgos y peligros inminentes.

Por ejemplo, muchos venezolanos están celebrando la victoria de Joe Biden en las elecciones presidenciales. Pero, la pregunta es: ¿Será Joe Biden el alivio que busca el país? ¿Según algunos, Trump le ha hecho la vida imposible a Venezuela, pero les irá mejor con Biden? Vamos a examinarlo de cerca.

Entre el año 2012 y el 20 de enero de 2017, el Presidente de USA era Barak Obama. Su Vice presidente, Joe Biden. ¿Qué hemos visto en Venezuela en este período de tiempo? Los años 2014 y 2016, los años de las peores "guarimbas"; es decir, los peores disturbios en la historia del país. Si las llamadas "guarimbas" del 2014 era un ensayo general de subversión; durante todo el 2015 la oposición venezolana activó un nuevo plan preparativo de desestabilización del país respaldado, por supuesto económicamente, logísticamente y políticamente por el Estado Profundo, por George Soros, por los Clintonoides, por los Obamas, por el poder financiero globalista parasitario, etc. Las técnicas de desestabilización fueron adaptadas a las nuevas exigencias, y a las nuevas tendencias que forman parte de la "guerra no convencional". Me refiero a un nuevo factor híbrido: la maduración de las condiciones para la "desestabilización local". Estas técnicas, una vez perfeccionadas, las están aplicando hoy en día tanto en Bolivia, como en España, Bielorusia, Hungría, Rusia, como también, en el mismísimo Estados Unidos.

La lógica de esta campaña de desestabilización sigue el siguiente patrón: La crisis económica ha afectado a la población en general. Prevé una reducción de los niveles de vida de los ciudadanos del país. La crisis económica planetaria se ha convertido en una crisis "social y política". Por lo tanto, el plan estratégico del Estado Profundo es TRASLADAR/convertir la crisis económica en una protesta política focalizada en los centros neurálgicos, lejos del centro del poder. Lo estamos viendo en Portland, USA; en Barcelona, España; en Debrecen, la segunda ciudad más grande de Hungría; en Khabarovsk, uno de los centros regionales más importantes de Rusia; en Krakow, la segunda ciudad más grande de Polonia.

Repito, el trabajo principal de desestabilización sobre el terreno van a desarrollarlo en las regiones o Estados vulnerables. Posteriormente, los centros locales de las protestas tendrán que "levantarse" en una ola de descontento en todo el país para desestabilizar la situación al nivel nacional.

LA ESTRATEGIA DE DESESTABILIZACIÓN CONTIENE VARIOS COMPONENTES:

1. Centrar los ataques de guerra de información directamente contra el Presidente del país. Ya no se trata de los habituales blancos como Venezuela, Irán, Rusia o China sino el mismísimo EE.UU. y Donald Trump.

2. Desacreditación abierta de los representantes oficiales de la clase política que apoyan abiertamente la causa patriótica. Otra vez, la nueva versión de la "guerra híbrida" ha ido más allá de los blancos habituales. En EE.UU. de manera abierta se está seleccionando las listas de la clase política que apoya a Donald Trump.

3. Trabajos preparatorios subrepticios en las regiones vulnerables. Organización de grupos de activistas, como BLM/Antifa. Localización de los "eslabones débiles" entre las élites regionales, como han hecho en Venezuela, Irán, China, Rusia, Polonia, Hungría, Bielorrusia y por supuesto EE.UU. La creación de "células de apoyo" para tener cerca los recursos organizativos, como los terroristas de Antifa apoyados por la clase política del Partido Demócrata, entre ellos Obama y Biden. El trabajo en las regiones se llevará a cabo bajo la cobertura de la campaña electoral. La campaña electoral debe "legalizar" la formación en el campo, proporcionar un "acceso seguro" a la población; y al mismo tiempo, a la élite política de la región.

Si las anteriores manifestaciones nacionales se basaban en la "clase creativa urbana, es decir los progres, Hollywood, etc"; a partir de ahora, los traidores de la patria apuestan por los clanes criminales locales que se fusionaron (en algunas regiones), con las autoridades locales. El modus operandi es el mismo, pero obviamente adaptado a las peculiaridades de cada territorio. Los organizadores de la "rebelión social" podrían ser los elementos criminales de las élites locales. No descarto el chantaje a los gobernadores y alcaldes locales por parte de la "columna criminal". La esencia de un posible escenario de "color"; es decir, una "revolución criminal" con el fondo de una ola de revueltas sociales.

1. En las regiones vulnerables, está previsto desarrollar una red de los llamados "corresponsales sociales". Cualquier incidente, accidente o protesta serán publicados en Internet, y luego se replican por los medios occidentales. Por lo tanto, la "comunidad internacional" tratará de crear la impresión de que las protestas u otros incidentes se extienden por todo el país convirtiéndose en protestas

masivas que las autoridades están tratando de "combatir con la represión brutal".

2. Se desarrollará una feroz campaña de desprestigio de los representantes de las estructuras de poder. Se utilizará la provocación y todo tipo de tecnologías tanto políticas como informativas contra los defensores de Ley y Orden.

3. Se utilizará "la falta de amor" de las provincias hacia el centro del poder. Los líderes locales débiles tienden a "traspasar" la responsabilidad por las dificultades de la crísis hacia el gobierno central. Tal propaganda anti-gobierno legitimo se lleva a cabo normalmente de manera invisible para el público, a través de la influencia informal de las élites (clanes) locales. En las regiones vulnerables se fomenta la "desconfianza hacia el centro del poder". Subrayo la frase "gobierno legítimo" porque es la técnica favorita del Estado Profundo para deslegitimar y desprestigiar el centralismo. Lukashenko es ilegítimo, según éllos; pero también Trump, y cualquiera que se oponga a los dictados satánicos del Estado Profundo.

4. Esta vez, el tiempo para desestabilizar la situación estará vinculada no con la fecha de las elecciones (como en el escenario clásico de las "revoluciones de color"), sino con el momento de "pico de la crísis, que sea económico, político o social". El COVID, obviamente también sirve como la excusa. El punto de partida de la activación de la orden será el "momento" que la oposición presente oportunamente como "colapso económico" amparándose en el "rechazo político" a la gestión del Presidente.

5. En el punto más agudo de la crísis, los traidores de la patria (en el "nombre de las regiones" y apoyados por el "pueblo democrático") darán un ultimátum al gobierno federal pidiendo: 1. La reforma inmediata (como condición

principal pedirán el desmantelamiento de las FFAA, dado que para éllos, los militares y las fuerzas del orden son un ejemplo de "dictadura fascista"). Ya lo hemos visto en Venezuela, en Ucrania, en Bielorisa; y ahora en EE.UU. con el lloriqueo de los fascistas de BLM/Antifa para desfinanciar la policía. 2. Otra condición del ultimátum: las elecciones anticipadas. Obviamente.

En el siguiente reportaje os contaré el *modus operandi* de los opositores escuálidos para destruír el país.

Nueva Estrategia de desestabilización de los países (segunda parte)

En la primera parte de nuestro reportaje, explicamos las técnicas de desmontaje de los países. Pero para desmontar un país, los opositores necesitan proponer sus propias reformas preparadas a la medida en los think tanks estadounidenses. Yo, por mi cuenta, voy a proponer medidas anti-reforma traidora, y la tecnología incógnita de supervivencia. Empezamos:

El paquete de "reformas" que van a proponer los opositores de cada país/patria, aplicadas tanto a Venezuela como a Siria, Irak, Irán, Rusia, Bielorrusia, Moldava; y a un sin fin de países africanos, que están sopesando una alianza con Rusia o China, sin excluir al propio EE.UU., pareciera algo así:

- La reforma de la política exterior. A los países no alienados con los "valores" occidentales de capitalismo voraz, la normalización de las relaciones con los EEUU y el Occidente, con el FMI y el Banco Mundial será punto de honor. La promesa de la eliminación del Decreto Obama o Decreto McCain como proponían los globalistas financieros en Washington en la época de Obama/Biden, a cambio del desmontaje de todos los avances sociales vigentes en el país.

- La reforma judicial (*de facto* la ilustración o "democratización" del Poder Judicial profe sional). Es lo que están proponiendo los sicópatas terroristas BLM/Antifa/Soros y compañía en USA. O sea, llenar el Tribunal Supremo con magistrados no a favor de la ley, sino a favor de una ideología satánica.

- La reforma presupuestaria. Por un lado, la hemorragia financiera del Centro Federal bajo el pretexto de "descentralización" del sistema presupuestario. El recorte drástico de los gastos militares bajo el pretexto de la financiación de la educación y la salud. Esto era justo lo que pretendían las ONGs rusas financiadas por Soros con el argumento de que no se necesitaban armas nucleares sino que era mejor comprar tranvías y taxis. Es decir, desmontar las FFAA para facilitar una invasión, y matar a 150 millones de rusos. Las mismas pretensiones que los "escuálidos" de oposición venezolanos exigen al gobierno de Caracas porque según éllos, las FFAA de un país anti capitalista son FFAA violadoras de los DDHH. Cuando la policía alemana o española o francesa o australiana, usa la porra para romper las cabezas de sus ciudadanos en protestas por los grotescos recortes de las libertades ciudadanas en sus propios países; los opositores escuálidos o callan o gritan que no es igual porque la porra alemana es una "porra democrática", que no oprime, sino que educa en el comportamiento y respeto por la tolerancia.

- La descentralización de la policía. ¿Os suena? Esto lo proponían en Rusia en el año 2012, y en Venezuela en el año 2016; hoy en Bielorrusia, y tambíén en EE.UU. El DEFUND THE POLICE. Es decir, los think tanks americanos, para facilitar el caos y la quiebra interna del país han propuesto a través de los desestabilizadores, "la creación de una policía municipal". La Ley y el Orden estarían a partir de entonces bajo el control de la policía municipal. El gobierno central se ocuparía literalmente de las multas de tránsito. Se delega el poder central y las competencias y responsabilidades legales se transfieren a nivel municipal. ¿Qué es lo que están proponiendo de verdad? El desmontaje del sistema de seguridad del país bajo el pretexto de "descentralización". A nivel regional, la "policía municipal" asumiría *ipso facto* el control de la delincuencia local. El crimen desenfrenado y el extremismo en todo el país, como resultado de esta "reforma" sería inevitable. Este objetivo lo buscan en Venezuela, en Rusia y en también en EE.UU.

- Otra propuesta de los opositores se centra en la reforma de los medios de comunicación. Ellos van a abogar por el retorno de la "diversidad de opiniones". Con el pretexto de la libertad de expresión y "la prohibición del discurso de odio" lo cual sería *de facto*, la prohibición sobre la posición pública patriótica. Es justo lo que están promoviendo los tolerantes iluminados satánicas autoridades europeas; sin olvidar twitter, google, youtube, facebook, y otras redes sociales. Su tolerancia y multiculturalismo significan una dictadura férrea del pensamiento único en la campaña frenética anti nacionalista. El resultado de la llamada "reforma de los medios" se convertirá siguiendo el ejemplo de Ucrania (Maidan, Balcanes de los años 90) en una censura absoluta y totalitaria.

- Reforma de la Administración Pública con una disminución importante de los recursos de los centros federales. La desorganización (a propósito) del sistema de gestión del país. La limpieza constante de los elementos gubernamentales y la eliminación de los directivos con posturas patrióticas y convicciones nacionales. Esto es lo que pretenden hacer no solo en Venezuela, en Rusia, en Irán; y también, en USA. ¿Para qué las famosas listas que los terroristas de BLM y Antifa recopilan de los patriotas nacionalistas a favor de Trump? A nivel de las FFAA, la persecución penal y administrativa de los trabajadores/representantes de las FFAA que muestren "deslealtad" hacia el "paquete de reformas" del pensamiento único totalitario.

- La privatización. Los activos estatales estratégicos irán a parar a las corporaciones internacionales, a Soros, a los Clinton, a los globalistas; igual que en Rusia en los años 90.

La privatización bajo el colapso del gobierno estatal tendrá como resultado la consolidación del Estado colonial del país.

Este "paquete de reformas" es un plan bien elaborado y coherente para desmantelar al Estado y gobierno nacional; es igual que ello sea en Rusia, en Venezuela, en China, o cualquier otro país objetivo. ¿Alguién piensa que los disturbios en Hong Kong tenían algo que ver con la libertad de expresión? Estamos viendo como la iluminada tolerante Comunidad Europea en Bruselas arremete contra cualquiera que vaya en contra de su interpretación dogmática de estos derechos sagrados. Además del "paquete de reformas", hay una herramienta más por la cual apuestan los golpistas traidores; ello es, una "federalización inmediata". El concepto de la "federalización inmediata" desde hace mucho tiempo ha sido implantado en las cabezas del "público opositor". A pesar de que la oposición no sistémica se dedica constantemente a explicar el término como el plan de una "revolución pacífica"; en realidad, el plan del proceso de federalización se trata de un escenario/ paso inevitable hacia colapso del país; sea éste Venezuela, EE.UU., Rusia, Iran, China y... hacia la guerra civil. Ahora, las soluciones a nuestro favor: ¿Qué hacer?

- En anticipación de los acontecimientos, es necesario hacer una lista de las regiones vulnerables, donde la provocación del malestar social sea muy probable.

- Es aconsejable realizar las "pruebas de estrés" de las élites regionales sobre el tema de cómo se comportarán en la fase aguda de la crísis. Prestar especial atención a aquellas figuras entre las autoridades locales, que trataban de "alejarse" del apoyo público de las autoridades federales en los conflictos internos y disturbios recientes.

- Se debe prestar especial atención a las organizaciones públicas regionales que se crean en lugares donde gobierna la oposición y sean financiadas por empresarios locales. ¿Cuál es su verdadera actividad? ¿Intereses de quién representan esa gente? ¿Existe entre éllos elementos separatistas o desestabilizadores? ¿Existen conexiones con las estructuras de opositores? ¿Cuáles son sus vínculos con la delincuencia local?

- Importante es examinar de cerca, cómo en las regiones vulnerables se llevan a cabo los decretos de la oposición dispuesta a vender la patria a los intereses banquero financistas occidentales. En algunos lugares hay dificultades objetivas; en otros, pueden existir elementos de sabotaje. La oposición está promoviendo la opinión de que debido a la crísis económica los decretos del Presidente (elegid el nombre que queráis) son "obsoletos" y "perjudiciales" para el país. Cada paso que se lleva a cabo trabaja hacia el fortalecimiento de la estabilidad social. La actitud a "favor de" los decretos del Presidente es un test de prueba de las élites locales.

- Con las revueltas que pronto van a ocurrir, la oposición política se unirá en una estrecha alianza con las estructuras criminales locales. La oposición que regalaba flores a los militares ya perdió utilidad. Las nuevas estructuras están capacitadas para acciones violentas, incluyendo el uso de armas de fuego. Un papel clave en el bloqueo de los escenarios destructivos para el país tendrán que jugar las unidades de milicia. Es absolutamente imprescindible un trabajo ideológico adecuado, y de protección social de los empleados de los órganos protectores. Todos los representantes/personal deben entender que están en la primera línea de defensa de la patria.

- Dentro de las estructuras de la élite local, es necesario determinar los grupos patriotas en los que el gobierno puede apoyarse directamente en el caso del empeoramiento

agudo de la situación. A la menor manifestación separatis-
ta, de sabotaje, de "pérdida de control"; debe organizarse
de manera tajante una intervención del gobierno federal
apoyándose en los elementos patriotas locales.

- Es necesario desarrollar una red de organizaciones patrióticas arraigadas en las regiones. Las organizaciones existentes del aparato partidista por desgracia muy a menudo,
no están preparadas para un trabajo de movilización con
la población. Los partidarios de las organizaciones locales
no van a poder retener el dominio en las calles y plazas de
la oposición en caso de disturbios, y no serán capaces de
resistir la fuerza de provocación del enemigo del pueblo.
En EE.UU., los patriotas demostraron en eventos recientes
que están dispuestos. Dos millones de personas acudieron
a Washington armados hasta los dientes. En tiempos de
colapso, la unión hace la fuerza. Es fundamental, la creación
de una red regional de muchas organizaciones patrióticas
diferentes bajo diferentes "marcas", dirigidos directamente por el Centro de Operaciones, y capaces de interactuar
eficazmente con las fuerzas de seguridad.

- El corazón de la agenda política de la oposición en 2021
será la economía. Un país necesita un modelo económico
anti crísis, más allá de imprimir miles de billones de dólares o euros de papelitos de color. La falta de acción de los
gobiernos legítimos inspira en los ciudadanos la idea de que
el Estado no tiene una estrategia para ayudar a superar esta
crísis. Importante es que todos los elementos de la política
económica, monetaria, financiera, y de inversiones estén en
la misma página. La vulnerabilidad económica, es uno de los
principales retos de la seguridad nacional del país.

Papel del dólar estadounidense en la economía mundial

En una serie de reportajes anteriores, explicamos los vínculos de la gran banca con el negocio nefario de las drogas, y cómo las drogas a lo largo de los últimos 70 años se han convertido en el principal negocio del capitalismo parasitario. Pués bien, en los próximos reportajes me gustaría analizar el papel del dólar en las economías emergentes, la dependencia de los países menos desarrollados sobre los dictados económicos del FMI; y sobre todo, ofrecerle salidas factibles al desarrollo económico sostenible de las economías dolarizadas; como es el caso por ejemplo, de América Latina. En nuestro primer reportaje, empezaremos con el Consenso de Washington.

El término "Consenso de Washington", formulado por primera vez en 1989 por el economista inglés John Williamson, está asociado con el Fondo Monetario Internacional. Hoy 189 países son miembros del Fondo Monetario Internacional (FMI). Aproximadamente el noventa por ciento de esa lista pertenece a países en desarrollo y en transición. A ellos se dirigen las recomendaciones del Consenso de Washington. La decisión de crear el FMI se tomó en la Conferencia Monetaria y Financiera Internacional en Bretton Woods en 1944. La piedra angular del sistema monetario y financiero internacional de post-guerra, según las decisiones de la Conferencia, fue convertirse en el patrón oro-dólar. Con su ayuda, se aseguraron tipos de cambio estables de unidades monetarias de diferentes países. Para mantener los tipos de cambio en un nivel determinado de manera constante, los países deben tener balanzas de pagos equilibradas. Y en sus inicios, el Fondo fue creado con el propósito de ayudar a los países a igualar sus balanzas de pagos con la ayuda de préstamos. Sin embargo, en la década de 1970, el sistema monetario de Bretton Woods colapsó. Cuando Nixon desemparejó al dólar del sistema de reserva de oro de la Reserva

Federal, y se deshizo de los tipos de cambio fijos; ello fue un paso importante hacia la desregulación de los mercados financieros.

De ser una institución financiera internacional diseñada para asegurar la estabilidad del sistema monetario mundial, el FMI se ha convertido hoy en un instrumento de la política de Washington. En el momento del colapso del sistema de Bretton Woods, Estados Unidos y sus aliados más cercanos conservaban una participación de control en el FMI. La transición al sistema monetario y financiero desregularizado abrió oportunidades ilimitadas para seguir el rumbo hacia la globalización económica y financiera.

Zbigniew Brzezinski admitió en una ocasión que la globalización no es más que la promoción de los intereses estadounidenses en todo el mundo. A principios de la década de 1980, el FMI comenzó a realizar la función de una máquina topadora. Su *modus operandi* era fácil, barato y eficaz. El FMI llegaba a los países afectados por la crísis de la deuda bajo la apariencia de un salvador, y ofrecía préstamos a cambio de reformas del sistema económico y financiero.

El paquete ofrecido era un conjunto de medidas para liberalizar la economía que finalmente llevaba al país en cuestión, a una dependencia financiera de los bancos y corporaciones transnacionales. Fue así como poco a poco se fue gestando un conjunto de las condiciones más importantes, que iban a ser aceptadas por los países que contaban con los préstamos del FMI.

En 1989 apareció la obra del británico John Williamson, en la que se presentó un listado completo de condiciones que debían cumplir los países receptores de los préstamos del FMI. Se suponía que el trabajo daría a estas condiciones una apariencia de decencia académica; pero de hecho, fueron una generalización de las políticas globalistas y gángsteriles que el FMI siguió en la década de 1980 con respecto a la América Latina. Este conjunto de condiciones es lo que se llama Consenso de Washington.

1. Mantener la disciplina fiscal (déficit presupuestario mínimo)

2. Liberalización de los mercados financieros para mantener el tipo de interés real de los préstamos en un nivel bajo, pero todavía positivo

3. Tipo de cambio libre de la moneda nacional

4. Liberalización del comercio exterior (debido principalmente a la reducción de los tipos de derechos de importación)

5. Eliminación de restricciones a la inversión extranjera directa

6. Privatización de empresas estatales y propiedad estatal

7. Desregulación de la economía

8. Protección de los derechos de propiedad

9. Reducir las tasas impositivas marginales

10. Priorización de la atención médica, la educación y la infraestructura en el gasto público

A primera vista, algunos dogmas del Consenso de Washington parecen justos. Sin embargo, el diablo está en los detalles. Tomemos el punto diez, por ejemplo –Priorización de la atención médica, la educación y la infraestructura en el gasto público. ¿Quién se opondría a ello? Sin embargo, el punto 10 debe considerarse teniendo en cuenta otros puntos, especialmente el 1 y el 9. Si desciframos los puntos 1 y 9, es decir, "mantener" la disciplina fiscal y "reducir" las tasas impositivas marginales, entonces implican una reducción en la escala del presupuesto estatal. Con una fuerte caída en todos los gastos presupuestarios, nada se salvará; y de hecho también se reducirá el gasto en educación y salud en términos absolutos.

Detrás de los programas educativos impuestos por el FMI, no sólo hay un aumento en la llamada alfabetización financiera y el desarrollo de las bases del "liberalismo económico", sino también, contienen una carga (¿moralizadora?) al incluír la "educación sexual", el desarrollo de la "tolerancia" hacia los grupos LGBT+, y otras formas de corrupción espiritual y moral de los niños, niñas, y adolescentes. En los últimos años, los expertos del FMI que llegan al país y realizan una rigurosa revisión de los presupuestos, insisten en que solo incluyan los costos de la educación primaria que es donde están inoculados los "nuevos valores".

En cuanto a la prioridad del gasto en salud, aquí a juicio del FMI, basta con dejar asignaciones para la atención médica prioritaria. La seguridad social para la vejez y la discapacidad no están incluidas en la lista de gastos presupuestarios obligatorios que establece el FMI. Según el Consenso de Washington, obtener una educación superior a la educación primaria, una atención médica de alta calidad, pensiones y seguridad social por discapacidad, es "desaconsejable", según sus propios Estatutos.

Es decir, el Estado no debería prestar ningúna ayuda a los ciudadanos. Para sufragar gastos complementarios o suplementarios hay que dejar que ganen dinero por ellos mismos, que ahorren el dinero necesario, que recurran a familiares o benefactores privados. Aquí vemos la abolición de la función social del Estado en la filosofía crediticia del FMI como resultado de las condiciones impuestas para la obtención de la ayuda financiera.

La cláusula 10, priorización de la atención médica, la educación y la infraestructura en el gasto público; ello define el desarrollo de la infraestructura económica como un gasto presupuestario prioritario. Ahora bien, ¿quiere decir que el FMI está pensando en el bienestar social de los más necesitados? En absoluto. Esto se refiere a la creación de rutas de transporte, puertos, instalaciones logísticas, redes eléctricas. Esta es la infraestructura que necesitan las empresas transnacionales que expoliarán al país después que se eliminen todas las barreras al capital extranjero como lo establece el punto 5 de las Condiciones del préstamo del FMI. El gasto en cultura, ciencia y el desarrollo de los sectores de la economía de alta tecnología está absolutamente prohibido.

Al mismo tiempo, el Consenso de Washington no tolera ninguna corrección de su dogma; además, sus seguidores creen que los puntos del Consenso de Washington son verdades absolutas. La palabra de Dios... del dinero.

EL CONSENSO DE WASHINGTON

En el reportaje anterior, introdujimos el termino el "Consenso de Washington", su proveniencia y su razón de ser. Hoy, nos ahondamos en su base ideológica con referencia a sus políticas desastrosas en la Rusia post-Soviética. La esencia de la política del Consenso de Washington se reduce al hecho de que la principal fuente de desarrollo del país debe ser la inversión extranjera. El significado de tal decisión desde el punto de vista de los poderes fácticos económicos-occidentales es claro: en un país como Rusia, con una tradición de planificación centralizada, era fundamentalmente importante construír el proceso de inversión en el marco de la "mano invisible del mercado". Al mismo tiempo, entre los economistas liberales, que aún defienden esta política como la única posible, se dió por hecho que la estabilidad financiera es suficiente para atraer la inversión extranjera; lo que significa, en primer lugar, un presupuesto libre de déficit; y en segundo lugar, una baja inflación. Un factor adicional en nuestro caso fue la condición obligatoria del FMI de prohibir las restricciones a las transacciones de divisas.

La solución del primer problema condujo inevitablemente a una fuerte reducción del gasto social y de los programas gubernamentales; lo que a su vez, provocó el cierre de muchas empresas, un aumento del desempleo, una caída del nivel de vida; y en consecuencia, la necesidad de incrementar el gasto presupuestario social. Pero el principal problema de la economía rusa fue que el método de reducir la oferta monetaria en efectivo se utilizó para combatir la inflación. Este método se debió al hecho de que los liberales rusos pro-occidentales creían que la inflación era de naturaleza exclusivamente monetaria, una afirmación que no se corresponde con la realidad.

Como consecuencia de tal política, la economía rusa se desmonetizó fuertemente y, como resultado, la recaudación de impuestos al presupuesto cayó drásticamente. Las autoridades monetarias (la Dirección del Banco Central y el Ministerio de Hacienda Ruso) decidieron compensar esto con la emisión de títulos públicos comprados con dinero del FMI que primero se había convertido en rublos; y después se había introducido en el mercado para aumentar su valor. Se estaba formando una burbuja gigante.

Los rendimientos del 290% en letras a tres meses de los títulos públicos rusos se pagaban con el dinero de los contribuyentes norteamericanos mediante préstamos del FMI. No es difícil deducir cuál era el destino final de las inversiones. Al producir aquellos tipos de rendimientos no mercantiles, el mercado de los bonos aseguraba que todos los recursos del país, y todo lo que éstos eran capaces de atraer iban a sostener al Estado.

Para agravar el expolio se diseñaron varias estratagemas de inversión patrocinadas por el Banco de Exportaciones e Importaciones de Estados Unidos, y unos cuantos Fondos creados por el Congreso para individuos, empresas rusas y bancos. Esas iniciativas no provocaron más que enormes blanqueos de capital. Los rendimientos del mercado de bonos ruso, que se apalancaban sin escrúpulos y que se mantenían gracias a los préstamos del FMI, fueron un imán para los inversionistas extranjeros, y pronto constituyeron el típico esquema piramidal. Con la misma rapidez con que el FMI, el Banco Mundial y las instituciones le prestaban dinero a Rusia –de tal forma que proporcionaban rendimientos astronómicos para los actores favorecidos–, desaparecía el dinero del país. Aquellas enormes cantidades, que inicialmente habían salido del bolsillo de los contribuyentes, regresaban a Wall Street, a los bancos de Estados Unidos, y a Harvard, según testimonios de los expertos ante la Casa de los Representantes de Estados Unidos.

Todo formaba parte de un proceso hacia el batacazo económico de Rusia de agosto de 1998. Rusia fue, literalmente, una barra libre para las instituciones y las organizaciones sin ánimo de lucro norteamericanas. Al final, claro está, la economía rusa se derrumbó de una forma tan estrepitosa que fue necesario un rescate total por parte del FMI: el beso de la muerte definitivo para cualquier país; y todo subvencionado por los contribuyentes estadounidenses.

Esto por un lado. Por el otro lado, teneis que entender que todo el sistema del FMI/Banco Mundial (creado bajo los Acuerdos Bretton Woods) funcionan de tal manera que nadie puede emitir dinero, excepto la Reserva Federal. El dólar era el núcleo del sistema Bretton Woods, y llegaría a ser el cimiento para un nuevo sistema mundial. Se suponía que las inversiones en dólares y los préstamos denominados en dólares serían una herramienta para, en algún momento futuro, gobernar en el aspecto económico a los territorios ocupados. Para referirse a este sistema y para legitimarlo, se usó el eufemismo "Consenso de Washington".

El Consenso de Washington, al principio, fue un manual de reglas para quienes estaban construyendo el nuevo modelo económico en Rusia, y en otros países del derrotado bloque socialista. La idea era garantizar una transición completa e incondicional de esos países al sistema financiero y económico occidental que para ese tiempo ya ocupaba una posición dominante en el mundo. Por esta razón, contenía varios principios básicos coercitivos que no dejaban alternativa alguna.

En primer lugar, la única divisa que podía impulsar el crecimiento era el dólar. Los países que ingresaban a la órbita del sistema Bretton Woods no podían tener ninguna fuente interna de crecimiento que no estuviera atada al dólar. Por consiguiente, cualquier inversión o crédito debía sustentarse en dólares, y el país tenía que obtenerlos de cualquier forma que pudiera. Así fue como surgió el infame sistema de la "caja de conversión" (*Currency board*). La idea era que a cada país se le permitiría tener en divisa nacional exclusivamente la cantidad de dinero que podía cambiar por la divisa real, es decir, por dólares.

En segundo lugar, se le daría prioridad a las inversiones extranjeras porque se suponía que serían la única fuente de crecimiento y, al mismo tiempo, porque garantizarían la facilidad del proceso de transferencia al extranjero del valor añadido que se generara en el interior del país. No deberían quedar flujos financieros confinados en ningún país que hubiera adoptado el sistema del dólar a finales de los ochenta o principios de los noventa. Atraer inversiones extranjeras se convirtió en el principal objetivo de todo gobierno nacional.

Cabe señalar que los sistemas bancarios nacionales, privados en principio, también podían generar dinero a través de la emisión de préstamos. Virtualmente, esto socava el monopolio del dólar, por eso el manual del Consenso de Washington dice que las inversiones extranjeras solo son permitidas si el nivel de inflación es bajo, y para lograr eso es necesario limitar el suministro monetario.

En la práctica, esto conduce a severas restricciones para la emisión de préstamos al sector económico real y a un decremento en el multiplicador monetario (es decir, la eficiencia del radio del sistema bancario). El tercer punto, por supuesto, se deriva de los primeros dos. Se enuncia explícitamente en el Acta Constitutiva y se refleja en todos los principios Bretton Woods: queda estrictamente prohibida cualquier restricción factible sobre la circulación del dólar estadounidense, y el intercambio trans-fronterizo.

Por todo lo anterior, a nadie debería sorprenderle que los bancos centrales utilicen todas las divisas nacionales disponibles para llevar a cabo la especulación cambiaria. La rentabilidad de estas operaciones excede por mucho la de las inversiones, y es por ello que las opciones restantes para invertir en casa fueron virtualmente bloqueadas. Es imposible competir con fabricantes extranjeros que pueden obtener préstamos muchísimo menos costosos porque los países occidentales no limitan la operación de sus propios sistemas bancarios. Al contrario, la estimulan de forma activa.

Otro elemento clave del Consenso de Washington es la eliminación de "centros de poder" de la economía nacional, los cuales podrían usar sus capacidades de cabildeo para anular la prohibición sobre los préstamos en divisa nacional impuesta por los campeones del Consenso. De esto y mucho más, hablaremos en la siguiente entrega.

Sin embargo, la destrucción del sistema de deuda va en detrimento de la base económica, y de la base financiera de este modelo. En el primer caso, esto se debe a que la emisión de deudas estimula la demanda agregada, y la economía mundial moderna no sobrevivirá a una caída fuerte de por lo menos 20%. Y en el segundo caso, el sistema financiero se verá forzado a abandonar el dólar en gran medida, lo cual lo desregula en el marco de las instituciones existentes.

Como es sabido, el sistema monetario de cualquier país, debido a la complejidad estructural, posee un alto grado de flexibilidad. Por ejemplo, Estados Unidos emitió e inyectó en su economía alrededor de $2,5 billones de dólares entre 2008 y 2014 (una cifra tres veces superior a la masa monetaria fuerte en todo el mundo para mediados de 2008); y aún así, no provocó ningún efecto en la inflación. La actual emisión de dinero efectuada por el Banco Central Europeo tampoco provoca cambios en la inflación, a pesar de que imprime varios cientos de miles de millones de euros cada año.

Las nuevas tendencias globales post crisis

La tendencia hacia la centralización de la economía mundial se queda en el pasado por mucho que el Foro Económico Mundial, el Fondo Monetario Internacional y las demás organizaciones globalista nos quieran hacer creer que es el futuro. El futuro es la regionalización de las economías, les guste o no a los globalistas.

En el contexto de la inestabilidad actual de la economía, sólo los sistemas que se encuentren habitados por entre 500 y 1000 millones de personas pueden ser eficaces. La formación de tales sistemas comenzará después de la crísis; aunque tanto el BREXIT como el BRICS son claros indicios de los primeros prototipos.

La economía mundial dentro del marco de la expansión de los mercados, lleva desarrollándose durante los últimos cuatrocientos años. Como resultado, hoy se encuentra en un estado extremadamente inestable, ya que los gastos de los hogares son varias veces más altos que sus ingresos: en los EE. UU, los gastos de los hogares superan a los ingresos en $3.3 billones, en la Unión Europea en $2.5 billones. En términos de poder adquisitivo, el salario promedio en Estados Unidos está al nivel de 1958, todo lo demás es demanda estimulada debido al crecimiento de la deuda pública y privada.

Las tendencias globalistas dan paso a tendencias de regionalización, los sistemas son cada vez menos eficientes económicamente. La norma es un sistema económico en el que haya entre 500 millones a 1.000 millones de personas. Esto significa que el mundo, como resultado de la crísis, debería dividirse en 5-6 regiones, que sean relativamente independientes. Un factor adicional es que el dólar ha dejado de ser un recurso de inversión para la economía mundial. El valor agregado que genera la economía hoy en día no es suficiente para sustentar un proceso de inversión normal.

Vemos que, a pesar de todas las especulaciones acerca de que la regionalizacion es una estupidez; y a pesar de toda la oposición del FMI, la tendencia está en marcha. China está creando su periferia, la Unión Europea lo ha estado haciendo desde hace mucho tiempo. Venezuela está trabajando activamente en América Latina. Los procesos de regionalización son causados por circunstancias objetivas, y van a seguir su curso igual si gana Biden o Trump.

En Asia pasa lo mismo. Sin contar a China y la India, como regiones independientes; las grandes economías asiáticas como Vietnam, Corea, Japón, Turquía no tienen otra salida porque son países de exportación. Si para Turquía el principal socio económico durante mucho tiempo ha sido la Unión Europea; para el resto del mundo, ha sido Estados Unidos. Tan pronto como caiga la demanda en estas regiones y comiencen a cerrar las fronteras –como estamos viendo hoy en día con la excusa del COVID–, los países se quedarán expuestos y sin mercado de exportación. Lo cierto es que ni Turquía, ni Japón, ni Corea estarían dispuestos a volver al estado de pobreza en el que se encontraban en los albores de su expansión económica.

Os recuerdo otra vez, que el actual modelo económico se llama el "Consenso de Washington". ¿Cuál es el principal problema del modelo económico moderno de los países en vías de desarrollo; que sea éste Rusia, Vietnam o Venezuela? Repito, vivimos dentro del modelo del Consenso de Washington. Se basa en la premisa de que estos países deberían desarrollarse a través de la inversión extranjera, y requieren estabilización financiera y baja inflación. Y en opinión de los liberales banqueros financistas globalistas; esto es suficiente. Reducen la monetización de la economía, creyendo que eso reducirá la inflación. Sin embargo, olvidan que las inversiones y los inversionistas solo invierten donde puedan generar ganancias. Si un inversionista ha invertido mil millones de dólares en la economía de algún país, entonces necesita al menos $100 millones de dólares cada año en ganancias, es decir 10%. En los países en vías de desarrollo, las ganancias de divisas han caído desde la crísis del 2008, de modo que estas economías son incapaces de digerir nuevas inversiones.

Entonces, surge otra pregunta: ¿Cuáles son las formas de solucionar el problema de la desigualdad socioeconómica? Hoy consumimos, el consumo aumenta la deuda y las ganancias van a los beneficiarios de los bancos. Siempre hay alguien que ve su deuda como un activo. Como resultado, usted pierde y los financistas obtienen ganancias.

¿No es esto mismo lo que estamos viendo en la economía mundial? Mientras se siga aplicando este modelo, la desigualdad solo puede aumentar. Igualmente, si se cambia este modelo, se arrastrará con un número colosal de personas muy pobres en la antigua clase media. Es exactamente lo que estamos viendo hoy en día. Y nadie, entre la clase gobernante es capaz de contestar la gran pregunta: ¿Qué vamos hacer con esa muchedumbre hambrienta?

Surge otra pregunta: ¿Qué podemos hacer para cambiar este modelo? Si hablamos de cómo en general es posible convertir la estabilidad social y política en condiciones de pobreza total. Existen tres opciones: además del extremismo religioso y del nacionalismo (éste ultimo ahora especialmente extendido en toda Europa); hay una tercera salida, es la movilización de las personas pobres y muy hambrientas (es decir, el comunismo, la justicia social, la lucha de clases, etc). Es lo que estamos viendo en Europa y EE.UU. ¡Claro que sí!

Repitamos. La alternativa más probable al modelo Bretton Woods quebrado, es la regionalización de la economía global. En esta situación, la división territorial es una salida natural. A medida que la demanda privada baje, volverá a ser rentable reducir la mayor cantidad posible de zonas tecnológicas (divisas), y su subsecuente crecimiento (para ser más precisos, un retorno a la autosuficiencia trás la especialización y la globalización) solo será posible si se estimula la demanda a través de emisiones de divisas regionales (zonales). El rechazo a esta opción política alternativa acarreará problemas sociales agudos derivados del empobrecimiento de la clase media.

Por otra parte, todas las discusiones respecto a la "extra territorialización" llegarán a su fin después de la crísis. La escala de la producción y por consiguiente, la dimensión de la producción global de objetos inútiles (consumismo) disminuirán dramáticamente. También descenderán los niveles de población porque frente a la caída del estándar de calidad de vida, el hambre se volverá la norma y numerosas epidemias aparecerán en el escenario. Debido a los antibióticos, el papel de la selección natural en la sociedad será de gran relevancia (sobrevivirá una gran cantidad de individuos gracias a las medicinas); y en una próxima crísis mundial es casi seguro que perezca esta muestra representativa de la población. En el próximo capítulo siguieremos indagando en los modelos económicos alternativos.

Dolarización de la economía

Leí reciente un artículo donde dos economistas, Daniel Lahoud y Ronald Balza apostaban por la dolarización de la economía venezolana como la única salida de la crisis. El problema de estos dos individuos es que su lenguaje económico se aferra al de los dictadores del liberalismo parasitario mundial. Si tus amos viven en Washington, entonces dolarizar la economía es lo más lógico. En cambio, si pretendes construír un Estado-nación independiente, tienes la obligación de proteger tu economía de los dictados externos. Me gustaría explicar por qué es absolutamente vital para un Estado soberano tener y proteger una divisa propia, fuerte e independiente.

Empezamos con una pregunta retórica. ¿Cómo podrá un país independiente alejarse del dólar? Hoy en día, todos reconocen que los países que no deseen ser lacayos del Imperio necesitan dejar de usar dólares tanto dentro del país como con el mundo exterior. Algunos aspectos negativos de la independencia del dólar (que sea ello en Rusia, en Colombia, Argentina o Venezuela) están asociados con la posibilidad de que se impongan sanciones económicas contra el país. Obviamente, si eres un buen país lacayo, entonces el Imperio te protege, pero "ojo", siempre mientras el país en cuestión, siga siendo la ramera del Imperio. Otro elemento, clave está relacionado con el inevitable debilitamiento de la economía doméstica como resultado de su dolarización.

Entonces, cuáles serían las amenazas del dólar estadounidense para Rusia o Venezuela, o cualquier otro país independiente en su conjunto; y/o para cada uno de sus ciudadanos a título personal. Hablamos de Rusia como ejemplo en concreto, pero lo que explico es válido en la misma medida para cualquier otro país:

1. Una parte importante de las reservas internacionales (oro y divisas) de la Federación de Rusia están en dólares (valo-

res del Tesoro de los Estados Unidos, o depósitos bancarios en bancos extranjeros). En cualquier momento pueden ser "congelados" siguiendo instrucciones de Washington. Hay suficientes precedentes como fueron, el "congelamiento" de las reservas internacionales de Irán, de Libia, de Irak, de Venezuela. Sin embargo, incluso sin sanciones económicas, la acumulación de grandes cantidades de dólares en las reservas internacionales de un país debilita la economía nacional, y fortalece la posición de Estados Unidos (de hecho, estamos hablando de los préstamos sin intereses al Estado estadounidense).

2. El uso de dólares dentro de la Federación de Rusia como medio de cambio, y medio de pago ("dolarización") debilita el rublo como moneda nacional y reduce la eficacia de la política monetaria del Banco Central de la Federación de Rusia. Esta misma lógica es aplicable al peso argentino o al bolívar venezolano. Y aunque formalmente muchas transacciones en dólares entre entidades económicas de la Federación de Rusia estén actualmente prohibidas; no obstante, en el sector "gris" de la economía, el dólar en efectivo sigue siendo ampliamente utilizado como medio de cambio, y medio de pago. Los costos de esta situación son más que suficientes: pérdidas presupuestarias por evasión fiscal, posibilidad de financiar operaciones que atenten contra la seguridad del Estado, etc. ¿Quién gana? Washington, obviamente.

3. El uso del dólar por las personas físicas y jurídicas como medio de acumulación (fondos en cuentas bancarias, dinero en efectivo debajo del colchón) está plagado de pérdidas para estas personas como resultado de las sanciones en gran escala de Occidente. Además de las pérdidas económicas potenciales, todavía existen serios riesgos políticos para el Estado: los ciudadanos con cuentas en dólares en bancos extranjeros se encuentran en una fuerte dependencia de

Occidente. Esos ciudadanos a menudo resultan ser la quinta columna, actuando bajo las órdenes de Occidente.

4. El uso del dólar como medio de pago internacional amenaza con perturbar el comercio exterior y otras transacciones económicas extranjeras si en cualquier momento Washington ordena a sus bancos que bloqueen las transacciones en dólares de las contrapartes, bien sean rusas, venezolanas o chinas. En este caso, Washington ni siquiera necesitará sanciones colectivas, ya que todas las transacciones en dólares pasan necesariamente por el sistema bancario estadounidense.

Pero, ¿Cómo puede Rusia por ejemplo, evitar el uso de dólares a nivel nacional y en sus operaciones en el ámbito internacional? La respuesta a esta pregunta debería buscarse en nuestra propia experiencia y en la extranjera para combatir la dolarización de la economía, y contrarrestar las sanciones económicas de Occidente. Nuestra propia experiencia se refiere al período soviético de nuestra historia (especialmente en la segunda mitad de la década de 1920, cuando se creó un sistema monetario fundamentalmente nuevo). Y desde la experiencia extranjera, Irán merece una atención especial, contra el cual Estados Unidos ha estado aplicando una política de sanciones económicas durante más de 40 años (desde 1979).

Si hablamos del aspecto interno, entonces mi respuesta será breve: el uso del dólar (y al mismo tiempo de cualquier moneda extranjera) dentro de un país con cualquier capacidad debería estar prohibido. No debe haber dinero en efectivo en moneda diferente a la moneda nacional en efectivo dentro del país ni como medio de intercambio, ni como depósito de valor. Por cierto, esta prohibición se deriva directamente de los requisitos de la Constitución Rusa: Artículo 75 "La unidad monetaria en la Federación de Rusia es el rublo. La emisión de dinero la realiza exclusivamente el Banco

Central de la Federación de Rusia. No se permite la introducción y emisión de otro dinero en la Federación de Rusia".

Todo lo que necesitaríamos para erradicar los dólares dentro de Rusia es cumplir con la Constitución de la Federación de Rusia. Para garantizar la implementación efectiva de los requisitos de la Constitución, se pueden realizar enmiendas al Código Penal de la Federación de Rusia. Y para ello, recordemos como antecedente el Código Penal de la Federación Rusa de 1960 cuyo artículo 88 en referencia a las "Violación de las normas sobre transacciones de divisas", prevé sanciones penales para las transacciones de ciudadanos con moneda extranjera y valores monetarios y, según la gravedad del delito estipula condenas de prisión de 3 a 15 años, confiscación de bienes, exilio de hasta 5 años, y hasta pena de muerte. ¡Me gusta! Me gusta mucho.

Podemos profundizar y recordar que en la década de 1920 en la URSS durante el período de la Nueva Política Económica, se usaba moneda extranjera en el país. Las transacciones de divisas las realizaban no solo los ciudadanos, sino también las empresas y los bancos. Sin embargo, ya en 1926, se prohibió el comercio de divisas en las bolsas de valores. En 1928 la divisa rusa se volvió completamente no convertible. El rublo gozaba de un monopolio total en el mercado interno. Los pocos bancos que quedaron después de la "purga" de finales de los 20 y principios de los 30 del siglo pasado; pasaron por completo a trabajar con rublos (con la excepción del Banco Estatal de la URSS, que se convirtió en un banco autorizado para garantizar el monopolio de la moneda estatal).

Repito, el uso de cualquier moneda extranjera dentro del país debilita el rublo y crea riesgos adicionales. La desdolarización es fundamental como medio de salvar a los bancos y a sus clientes. Por ejemplo, a principios de la última década, según datos de los expertos, la proporción de moneda extranjera en la circulación de efectivo en la Federación de Rusia era de aproximadamente tres cuartos; la misma proporción que en Colombia, Argentina, Ecuador, Perú. O sea, el rublo o cualquier otra divisa nacional dolarizada han dejado de ser amo en su propio país. ¿Quién gana? Washington, obviamente.

Hay más. Hablaremos de la Ley de Cumplimiento Tributario de Cuentas Extranjeras (FATKA) por sus siglas en inglés. Esta ley estadounidense requiere que los bancos de todos los países informen sobre los clientes que están clasificados como "contribuyentes estadounidenses". En el caso de que un banco no estadounidense, por alguna razón, eluda este "deber honorable", Washington puede castigar a dicho banco. El método de sanción es universal: o el retiro del monto de la multa de la cuenta corresponsal de un banco no-estadounidense abierta en el sistema bancario estadounidense; o el "corte" automático a favor del presupuesto estadounidense del 30% de los montos de aquellas transacciones en dólares que pasan por el mismo sistema bancario estadounidense. La ley FATKA es una espada de Damocles sobre cualquier banco no-estadounidense; y en especial para un banco ruso, iraní, sirio o venezolano en las condiciones actuales.

Después de las conocidas sanciones estadounidenses contra el Banco Rossiya, su Directiva anunció que a partir de ahora trabajaría exclusivamente dentro del país y exclusivamente con rublos. Por supuesto, tal declaración fue forzada, pero cualquier banco nacional puede encontrarse en la misma situación que el banco Rossiya. En la situación actual, la iniciativa para desarrollar leyes que prohíban las divisas extranjeras ya no debería provenir de los diputados del Congreso Nacional, sino de los propios banqueros, digamos, de la Asociación de Bancos de pais. Por ejemplo, podemos analizar la experiencia de Argentina. En 2011, el gobierno de ese país introdujo el régimen de "cepo cambiario", que prevé la obtención de permisos especiales para la compra de dólares, tanto de personas naturales como de jurídicas. Esto era necesario para generar confianza en el peso, aumentar las reservas, reducir la evasión fiscal, y frenar la inflación.

Pero una cosa se aferra a la otra. Si los bancos rusos dejan de trabajar con divisas, surge la pregunta: ¿Cómo pueden nuestras empresas realizar actividad económica en el exterior? Y aquí surgen inevitablemente cuestiones relativas a los acuerdos internacionales. Pero más sobre eso en las próximas entregas.

Preguntas y Respuestas

Después de la última entrega de mi serie digital Los Albores del Imperio sobre la dolarización de la economía han surgido muchas preguntas de los oyentes. Y hoy, me gustaría contestar algunas de éllas.

El sistema financiero mundial moderno se basa en el dólar; este es su elemento básico. Además, no solo el dólar como moneda, sino también como el centro de emisión, el Sistema de la Reserva Federal y el sistema de bancos de inversión, que son accionistas del Sistema de la Reserva Federal de los Estados Unidos. Cuando hablo del declive del dólar me refiero a que este sistema en los próximos dos o tres años, llegará a su fin. Por supuesto, esto no significa que el dólar como la moneda nacional de Estados Unidos desaparezca; eso no puede ocurrir mientras exista EE.UU. y conserve al dólar como su moneda nacional. Lo probable es que el dólar como base de la infraestructura financiera mundial, deje de existir. Más precisamente, esta infraestructura entera con todos sus elementos, dejará de existir.

Un señor argentino ha dicho que vivimos en un mundo globalizado, y que en Argentina el dólar es la principal moneda de su país. Otro preguntaba por la globalización en general.

Primero, ¿qué es la globalización? Esta no es una abstracción. La globalización es una superestructura política, ideológica, cultural. Todavía hay muchas superestructuras diferentes sobre un proceso absolutamente material: el proceso de la división mundial del trabajo. El caso es que la humanidad desde el siglo XVIII, ha estado en el marco de un cierto paradigma del modelo de progreso científico y tecnológico. Y el desarrollo de ese progreso científico y tecnológico va acompañado de un aumento de los mercados. Muy condicionalmente: si se está logrando un cierto avance tecnológico, que va acompañado de una división del trabajo cada vez más profunda, debe aumentarse el volumen de los mercados en los que se venden los productos porque el costo de desarrollarlos, y el costo de producirlos están aumentando.

Segundo, hubo muchas globalizaciones en el siglo XVIII. Cada país importante tenía su propio sistema de división del trabajo. Dado que el mundo es un espacio limitado, el número de países que podrían tener su propio sistema de división del trabajo disminuía constantemente. He comentado muchas veces, que en la segunda mitad del siglo XlX, hubo cuatro modelos o sistemas. Británico, Pruso o alemán después de la guerra con Francia; estadounidense de finales del siglo XlX, y japonés de principios del siglo XX. A mediados del siglo XX, después de la Segunda Guerra solo quedaban dos países o dos modelos: capitalista occidental, y socialista-soviético y los satélites. Es decir, solo quedaban dos sistemas independientes de división del trabajo, dos sistemas de globalización: socialista y capitalista. Uno de ellos perdió, la URSS. Las razones de por qué perdió van más allá del alcance de este espacio, pero lo económico fue quizás lo menos importante. Os quiero recordar que en 1991, la URSS crecía 11%/ al año, y poseía 19.5% del mercado mundial; o sea, más de lo que es EE.UU. hoy en día. Pero si la URSS perdió, era necesario sí por sí unirnos a algo; de lo contrario, no podíamos sobrevivir sin estar dentro de algún sistema. O sea, podría haberlo evitado pero a condición de haberse convertido en un enclave tan extraño como Cuba o Corea del Norte.

Otra persona decía que si el dólar colapsa China se convertiría en el principal modelo mundial, pero China es aún peor que USA.

En realidad, China no puede levantarse como modelo global, ni como un sustituto de EE.UU. ni de nadie. El caso de la URSS era distinto. La Unión Soviética trajo al mundo justicia y protección contra la explotación. Una idea que cualquier persona sensata del mundo puede comprender. Se puede estar de acuerdo o en desacuerdo con este concepto. Pero la idea sigue siendo clara. Igual que esta otra idea: el capitalismo trae libertad al mundo. De nuevo, se puede estar de acuerdo o en desacuerdo con esta libertad, pero la idea es clara para todos. En cambio, ¿qué aporta China al mundo? China no aporta nada al mundo como modelo planetario. El modelo chino podría funcionar para China pero nunca como un modelo conjunto para el mundo entero. Y en este sentido, China no tiene un modelo de cómo gobernar el mundo.

Otra persona comentaba que si el sistema económico de Estados Unidos colapsa, enterraría a todos los sistemas económicos del mundo en general "porque es el más grande".

Mi respuesta: no tenemos sistemas separados. El sistema es uno. Sí, todo esta basado en el dólar, uno de los principales problemas de Estados Unidos –absolutamente objetivo– es que tiene el dólar y la moneda mundial al mismo tiempo; la moneda de reserva mundial, la moneda del comercio mundial, una medida única de valor, y al mismo tiempo es la moneda nacional de Estados Unidos. Cuando la economía estadounidense en 1945 era más de la mitad de la economía mundial, estas contradicciones o conflicto de intereses podían resolverse. Hoy, o apoyas al dólar como moneda mundial a costa de la economía estadounidense (lo que es el plan de los financistas globalistas en contra de Trump); o respaldas la economía estadounidense a costa del sistema financiero mundial, que es precisamente el plan de Trump y de los industrialistas- nacionalistas que están detrás de él.

Otra persona preguntaba: si el USD como moneda mundo muere ¿qué lo reemplazará?

Esta es una pregunta muy interesante. Para pensar en la muerte del dólar, tendríamos que hablar de la regionalización de las economías. Para que una región pueda existir como región y zona económica, necesitaría una base mínima de población. Esta base mínima es de unos 300M de personas. De hecho, tanto BRICS como Brexit han sido los primeros intentos de regionalizar la economía.

Otro comentario me llamó la atención: USA no podría entrar en default, ellos son dueños de dólares y lo pueden imprimir en las cantidades que desean.

Os recuerdo que en el siglo XX, Estados Unidos entró en default al menos dos veces: en 1933 y 1971. Es decir, USA se negó a ejecutar el pago de sus obligaciones. Se comprometieron a pagar en oro, y se negaron. En cuanto a los inversionistas. Los inversionistas se encuentran en una situación desesperada porque la economía mundial está cayendo, y no hay vuelta atrás. La economía estadounidense caerá, ya lo he dicho, en al menos un 50-60%, es decir 1% al mes durante los próximos 5 años. Y en este sentido, el inversionista tiene ahora un problema completamente diferente: ya no es cuestión de obtener ganancias sino de no perder su capital invertido. En términos generales, si el dólar deja de ser la moneda mundial entonces todos los dólares que hay regados por el mundo deben regresar a Estados Unidos ahora, porque no tienen nada más que hacer.

Otra pregunta: ¡Por qué pienso que el cambio de sistema socio-económico en USA es inevitable?

Nunca ha habido un caso en la historia de la humanidad donde no haya tenido lugar un cambio en el sistema socio-político de un país donde el nivel de vida se haya reducido a la mitad. El cambio en el sistema socio-político no significa el fin del mundo. Es el caso de Estados Unidos. El número de personas hambrientas en Estados Unidos ha aumentado considerablemente, y hoy por hoy constituyen casi el 20% de la población, según los datos oficiales. "Hambrientos" significa personas cuyos ingresos no les permiten comer adecuadamente de acuerdo con ciertos mínimos establecidos por diferentes organizaciones de salud.

Y la siguiente pregunta, relacionada con la anterior: ¿Y cuáles son las condiciones objetivas o previas reales para que el sistema mundial cambie a otra cosa?

El sistema ya no funciona. Esto tiene que ser obvio para todos, por eso estamos viendo el reseteo económico con todas sus consecuencias. En realidad todo es muy simple desde el punto de vista de la lógica. ¿Cómo se organizó el sistema desde principios de los 80? Muy simple. A las familias les dieron préstamos, y luego les explicaron con una sofisticada campaña de publicidad que con ese dinero dado desde el gobierno (a partir del Reaganomics), una persona decente compra productos de alta tecnología de las empresas nacionales, tales como como computadoras personales, por ejemplo; y así se desencadena todo un plan de consumo masivo altamente rentable y popular.

En consecuencia, la cantidad de dinero de la renta real disponible de los ciudadanos que podían gastar cada año siguiente estaba disminuyendo todo el tiempo, porque tenían que pagar las deudas que contraían. Para compensarlo, el número de préstamos otorgados a la gente creció todo el tiempo. Como resultado, estaban consumiendo los ingresos futuros y los gastos futuros también. Hoy la economía estadounidense y la mundial también, debido a que Estados Unidos es el mayor consumidor del mundo, se encuentran en una situación en la que se ven obligados a reducir su consumo.

Asi que imagínense, tenemos una empresa X maravillosa, donde todo está bien, no tiene problemas, ni siquiera tiene deudas, a pesar de la mayoría de las empresas tienen deudas hoy en día. ¿Cuántas grandes empresas maravillosas han muerto este año? ¿Por qué? Porque ya no pueden funcionar porque sus ventas están cayendo. Y tiene costos fijos, que hay que pagar y punto. Entonces, ¿de qué sirve invertir en innovaciones si una persona no tiene el dinero para comprar lo que quiere consumir hoy? Carece de sentido. No puede haber financiamiento para la innovación en una situación en la que la demanda de los consumidores está cayendo.

Cae la demanda debido a que una persona que vive en el mundo de hoy, tiene los deseos de hoy: quiere comprarse un coche, una casa, un telefono nuevo, tiene que pagar la hipoteca o el alquiler de la vivienda, el colegio de sus hijos... pero no hay dinero. Asi que la innovación no da sus frutos hoy. De hecho, se puede argumentar que el modelo de progreso científico y tecnológico en el marco del cual la humanidad se ha estado desarrollando durante los últimos doscientos cincuenta años años, se ha agotado. Exactamente ha sido así, debido al hecho de que la globalización se ha extendido por todo el mundo. Ya no es posible profundizar en los mecanismos de la división del trabajo en su conjunto. Sí, por supuesto, hay lugares como África, la mayor parte de la India y China, pero en estos lugares se puede sobrevivir con $1 dólar/día. Para convertir estas zonas en mercados rentables harían falta tres generaciones. Además, invertir en la infraestructura, en educación, invertir mucho dinero en alta tecnología, crear gobiernos estables y sostenibles. Pero, no hay tiempo para ello, y por eso la cara opuesta de invertir es destruir, y desestabilizar para poder robar; y es justo lo que estamos viendo en África, América Latina, Oriente Medio y otras, que sea por vía de revoluciones de color, de golpes de Estado, o de elecciones robadas via traidores de las patrias... es igual.

Política Monetaria Liberal

Me gustaría cerrar el tema del dólar estadounidense. Pero antes, algunas palabras sobre lo que los liberales entienden por política económica. Desde el punto de vista de su modelo (promovido a nivel planetario por el FMI), las principales decisiones económicas deben tomar en cuenta la "mano invisible del mercado" (también conocida como la manipulación flagrante de los mercados a favor del FMI), pero este tema es tabú para la discusión pública. Si alguien se atreve comentarlo en público, inmediatamente le tachan de conspiranoico.

Asi que, las actividades económicas de los gobiernos liberales del mundo están orientadas a la privatización (como un intento de aumentar el lado de los ingresos del presupuesto), y a la reducción del gasto social. Es decir, en el mundo controlado por el FMI y compañía, la obligación principal de todos los gobiernos es privatizar todo a costa de los intereses nacionales (reducir el tamaño del Estado y minimizarlo). Cualquier gobierno que decida defender los intereses nacionales a costa de la privatización, de inmediato es definido como dictador con el consecuente boicot de sus recrsos y productos, la amenaza de las sanciones por parte de Europa Unida y USA; e incluso la invasion del país en nombre de la libertad.

Desde el punto de vista de la doctrina económica liberal, la promesa del crecimiento económico en el país no es obligatoria, además, puede y debe abandonarse categóricamente si se supone que juega en contra y hace daño a los dictados de la "mano invisible del mercado". Es a partir de aquí que crecen todas las reformas en monetización, optimización, etc., que en gran parte fueron desarrolladas por asesores financistas-parásitos-globalistas.

Por supuesto, el deber principal de los globalistas liberales es sacar el "superávit" de los ingresos presupuestarios nacionales, y depositarlo en los bancos extranjeros, una acción exigida explícitamente por el FMI. Pero dado que el poder político nacional requiere de un aumento del gasto social a favor del pueblo, esto de alguna manera debe compensarse subiendo impuestos, y escondiendo acciones de los que el poder político prefiere no hablar públicamente.

¿Qué acciones? Por ejemplo, que los gobiernos ya no puedan asegurar el crecimiento económico en sus respetivos países. Lo que significa que al pueblo se le presentarían tres viejos temas: aumentar la edad de jubilación con el fin de cosecharo explotar aún más a los ancianos, aumentar los impuestos para exprimir aún más a los ciudadanos, y, por encima de todo, privatizar a favor del FMI y las empresas transnacionales con el fin de expoliar a los países.

Todo lo que me lleva a la siguiente conclusión: el sistema de gobernanza actual que sigue una política liberal planetaria, obviamente sabe que su tiempo llega inexorablemente a su fín.

También es cierto que después de la crísis de 2008, hubo un intento por parte de los globalistas de crear el banco central de los bancos centrales para la emisión de moneda mundial. Para esto, hacia falta hacerse con el control de la Reserva Federal y via la Fed, con el USD. Sería una institución supranacional que tendría el derecho exclusivo de imprimir la divisa global durante la crísis financiera. El dólar estadounidense continuaría siendo divisa nacional, y su emisión estaría limitada por las cantidades establecidas por el "banco central de los bancos centrales".

Sin embargo, los nacionalistas islacionistas estadounidenses en la sombra, no le permitieron a los globalistas hacerse con el control del USD. Lo sabemos, porque después de este intento fallido, siguieron una serie de escándalos de alto perfil contra la élite globalista como fue el caso del Director General del FMI, Dominique Strauss-Kahn; el despojo de compañías *offshore* británicas, y el caso de los activos panameños conocidos como los Papeles del Paraiso y los Papeles de Panamá. Y este acontecer me lleva a la siguiente pregunta:

¿Qué relación existe entre la Gran Depresión de hace un siglo, y la Grandísima Depresión de hoy? En 2008, comenzó el ruido deflacionario y la caída fué de aproximadamente un porcentaje del PIB por mes. Si Estados Unidos hubiera dejado de imprimir dinero en 2008, la recesión habría terminado en 2013-2014. ¿Qué significa eso para nosotros hoy en dia? Hay dos opciones: deflacionista, como a principios de los años 30; y otra inflacionaria. Esto es, una caída en el nivel de vida de la población estadounidense en aproximadamente un 50-60%. De los años 1981 a 2019, la deuda promedio de los hogares estadounidenses aumentó del 60% al 130% del ingreso anual. La refinanciación de la deuda se vió respaldada por una disminución del costo del préstamo. La tasa de descuento cayó del 18% (hace 39 años) a 0%. Con la tasa real de desempleo en unos 43% hoy en día, el ingreso familiar promedio en los Estados Unidos se encuentra en el nivel del poder adquisitivo del año 1957. Es obvio para cualquier ser medianamente pensante que esto no puede durar mucho.

La degradación monetaria solo puede continuar mientras sus usuarios continúen aceptando la moneda fiduciaria como medio de cambio. Rechazar una moneda estatal establecida sin respaldo con fines transaccionales es un último recurso y, naturalmente, en el público en general existe una gran reticencia para hacerlo. Pero, a menos que el gobierno controle sus gastos y equilibre su presupuesto, el destino de su moneda es que finalmente sea rechazada, y se convierta en un verdadero papelito de colores. Y no solamente para el caso de USD.

Los gobiernos están atrapados en una trampa de deuda por la cual en ausencia de recortes masivos en el gasto, solo puede haber un resultado, esto es, la bancarrota de los gobiernos y las empresas endeudadas con malas inversiones acumuladas y cerradas a los mercados crediticios. Estos zombis forman una parte sustancial de la economía estadounidense, como sucede en Europa, en el Reino Unido, y en Japón; y una parte significativa del crédito bancario (y por lo tanto las pérdidas de los bancos) está expuesta a su inevitable quiebra.

Aún así, los keynesianos y partidarios conspiranoicos de la Teoria Monetaria Moderna nos dicen, refiriéndose a Estados Unidos, que un gobierno que emite deuda en su propia moneda no puede quebrarse. Esta premisa solo puede ser cierta mientras haya algo de valor que extraer del poder adquisitivo decreciente de su moneda inflada. Y dado que el poder adquisitivo de un estadounidense es el mismo que tenía en el año 1957, la supervivencia del USD como moneda planetaria es más que dudosa.

Asi que nos acercamos a una situación en la que se han agotado todos los recursos a escala mundial. Sin embargo, la escala de la deuda intergubernamental de la economía estadounidense (es decir el Estado representado por el presupuesto federal, los presupuestos de los estados y las municipalidades, corporaciones y hogares) es de alrededor $50 billones de dólares, y ha estado creciendo de manera constante a una tasa cercana al 10% anual.

Y aunque 3/5 de esta deuda corresponden a la deuda que tienen algunos sujetos de la economía estadounidense con otros sujetos, no es posible "contrarrestarlos" de ninguna manera porque las deudas llevan mucho tiempo alienadas a los prestadores, y se trata de activos del sistema financiero estadounidense que se comercian de forma libre en el mercado. Es decir, los elementos internos de cualquier "cadena de deuda" se convierten a su vez en "embriones" de nuevas cadenas de deuda que solo cuentan con sus activos originales, los cuales no son en absoluto los activos que les proveen a las cadenas primarias de donde surgieron. Son pués, una ilusión.

¿Cuánto es 10% de $50 billones de dólares? Son $5 billones de dólares. Esto quiere decir que el índice de crecimiento de la deuda es cerca de un cuarto del PIB del país. Si tomamos en cuenta que cerca del 70% del PIB de Estados Unidos lo conforman servicios que no pueden ser considerados como colaterales confiables para una deuda, entonces tendremos un panorama maravilloso: actualmente todos los activos estadounidenses creados en un año fiscal no pueden proveer nuevas deudas emitidas durante el mismo período. Y a este paso ¿con qué están creciendo?, muy pronto los activos globales no serán suficientes para garantizarlos.

También es comprensible lo que esto significa. La gran mayoría de los nuevos activos financieros no tienen ningún colateral. O sea, ninguno. Es pura ficción, puro papel, incluso un registro electrónico que no le dá a su propietario ninguna garantía verdadera. Repito otra vez, un sistema como éste no puede existir durante mucho tiempo. Este tiempo está llegando a su fin, y el sistema tiene que morir. Por eso, hacía falta un COVID como excusa para un reinicio planetario dictatorial.

Hay dos maneras de salir de este predicamento. La primera consiste en detener forzosamente la pirámide de la deuda, lo que implicaría el correspondiente servicio y reducción gradual. La segunda consiste en "reiniciar" pronto el incumplimiento masivo, con lo que tal vez se continuarían generando nuevas obligaciones de deuda. El problema de la primera opción es que con la misma paridad del poder de adquisición, Estados Unidos consume cerca del 40% del PIB mundial. Y la diferencia con su propia producción, de casi el doble, se debe precisamente a la emisión tanto de deuda como de dinero. Asimismo, detener esta emisión implicaría un descenso doble instantáneo en el consumo total de Estados Unidos. ¿Cuán grave es eso? Incluso en Rusia, en los años 1991 y 1992, la caída fue solo de 40%; y sin embargo, entre 1991 y 1993, 25M de rusos murieron como consecuencias de la quiebra economica. En el caso de USA, podemos esperar facilmente numerous muertos cifrados en 30 o más millones.

Quedan varias preguntas: ¿Cuál es la elasticidad en los mercados de insumos primarios? ¿Qué sucederá con la producción mundial en el contexto de una capacidad de por sí excesiva? Por todo lo anterior, nadie se atreve a detener la emisión de deuda. Desafortunadamente, la segunda opción (o sea el alivio de la deuda, o los incumplimientos masivos) no es mucho mejor. De hecho sería una repetición de la opción de los años de la depression 1929 a 1930, un shock deflacionario, la misma caída solo que repartida a lo largo de varios años. Nótese que esta opción, a diferencia de la primera, puede darse de manera espontánea, como pasó en 1929.

Criptos 1: Bitcoin

El Bitcoin se convirtió en la primera criptomoneda en 2009. A mediados de 2018, había alrededor de 2.200 tipos independientes de criptomonedas en el mundo, y su capitalización total en agosto de 2018 alcanzó un billón de dólares. Sin embargo, pronto quedó claro que dos tercios de esta cantidad representaban solo dos criptomonedas: Bitcoin y Ethereum. El resto del volumen de negocios es insignificante. Existen tres razones:

Primero, una unidad de cuenta virtual absolutamente anónima tiene una aplicación de nicho limitado, solo entre contrapartes que aceptan pagos en criptomonedas. En la mayoría de los casos, estas son, por regla general, transacciones de un grado dudoso de legalidad: desde directamente ilegales (comercio de armas, drogas, pedofilia, otras actividades directamente prohibidas; como por ejemplo, la financiación del terrorismo), o cosas típicas como la evasión de impuestos sobre los ingresos obtenidos en transacciones comerciales.

En segundo lugar, en su forma actual, la criptomoneda no es la forma final de dinero; en el sentido de que no está permitido en el espacio público, como medio masivo de pago de bienes y servicios. En términos relativos, para comprar un coche, una casa, una camisa, un helado; o pagar la cena en un restaurante, las criptomonedas deben convertirse en dinero ordinario, efectivo o no monetario. Surgen dificultades con esto debido al número limitado de lugares de conversión. Y me podéis decir que en un futuro no muy lejano bla bla bla. El futuro es futuro y veremos que pasa.

En tercer lugar, después del gran éxito del proyecto bitcoin para este tipo de "startups financieras", la gran mayoría de los análogos posteriores resultó ser un intento de lanzar no tanto una "cripta pura", sino su propio análogo electrónico del dinero ordinario con todas sus vulnerabilidades fundamentales inherentes, en forma de emisión incontrolada y el deseo de los propietarios de ganar dinero en su propia cripta cobrando un porcentaje por la transferencia de billetera a billetera, así como convirtiéndola en monedas ordinarias.

Por lo tanto, los aprovechadores intentaron lanzar no una cripta, sino sus propios análogos de un banco, solo disfrazados de tecnología blockchain. Muy a menudo, tales proyectos se convirtieron rápidamente en una burbuja financiera piramidal y estallaron, haciendo desaparecer el dinero de los inversores o usuarios que creyeron el cuento ponzi.

Ahora hablamos de la inaceptabilidad fundamental de la existencia de criptomonedas para el Estado. La experiencia acumulada de la práctica de la criptomoneda ha confirmado el objetivo principal del "nuevo dinero del mundo libre" como una herramienta conveniente para la evasión fiscal, originalmente declarada por teóricos de la comunidad hacker. Todos los demás fines, incluídas las operaciones ilegales, son solo accesorios. La gran mayoría de los ciudadanos, tanto individuos como estructuras comerciales, pagan impuestos al Estado solo porque es imposible eludir tal obligación. Y lo hacen hasta que el costo de usar esquemas "grises" y "negros" exceda significativamente la cantidad de impuestos pagados oficialmente, así como los riesgos asociados con estar en la punta de mira indeseable de la Hacienda.

Debería ser OBVIO a cualquier ser medio pensante que la aparición en la circulación masiva de un anónimo legal, no rastreable de ninguna manera por las autoridades, y fundamentalmente no bloqueado por las autoridades, al mismo tiempo siendo un instrumento de pago universalmente aceptado que además elimina la necesidad de pagar impuestos al Estado... sería inmediatamente cancelada. ¿O no es OBVIO?

Si las autoridades fiscales, no son capaces de enterarse ni siquiera del movimiento de este dinero en forma de criptos, y es físicamente imposible controlar miles de millones de billones de transacciones comerciales... con la compra de cada camiseta, tomate o bolígrafo, verdaderamente: ¿alguien en su sano juicio piensa que los gobiernos lo van a permitir? O ¿pensáis que los gobiernos son tan ineptos e incompetentes que de haber encerrado siete mil millones de personas en el campo de concentración sin lágrimas, de implementar un nuevo estado de control vía COVID en cuestión de semanas, son incapaces de seguir el rastro del dinero, porque unos hackers resultaron ser más aptos que la élite mundial?

Si fuera asi, la recaudación de impuestos caería inmediatamente a niveles cercanos a cero, lo que socavaría la base financiera del Estado. Si fuera así, resultaría imposible mantener ningún tipo de aparato estatal, incluídos la policía y el ejército. Sin dinero, también será imposible que el Estado cumpla con sus funciones sociales, que son la piedra angular del llamado contrato social entre la sociedad y el Estado, como resultado de la existencia del cual las personas generalmente acuerdan tener un Estado que les gobierne.

Si fuera así; es decir, si los gobiernos pierden el control sobre el dinero, el Estado- nación se desintegrará en pedacitos o micro Estados de territorios autónomos que sobrevivirán sobre la base de un acuerdo interno entre grupúsculos pequeños de personas (como si fuera la mafia que te obliga a pagarles una cantidad fija mensual por el derecho de existir o llevar tu pequeño negocio en el territorio bajo su control). Al mismo tiempo, las autoridades locales tampoco verán ninguna razón para compartir los ingresos con la mafia del micro Estado, por el motivo de que no podrán darles nada significativo a cambio; ni seguridad, ni sistema sanitario, ni pensiones, ni educación. Obvio. Y además, para qué pagar a la mafia de este micro Estado si yo, simplemente compro mi propio ejército que me va a proteger mientras le financio. O sea, con las criptos, bajo esta rúbrica, estamos de vuelta al mundo de Mad Max. O ¿Es que alguien verdaderamente piensa que los cripto ingenieros son una especie de libertadores?

Así, los principios de la fragmentación feudal –que resistieron con éxito los procesos de centralización de los Estados–, se repetirán hasta que el gobierno central logre el control absoluto sobre el sistema monetario y financiero. Pero por aquel entonces el dinero tenía una forma física que, con ciertas reservas, podía ser relativamente fácil de encontrar y confiscar. En cambio, con las criptomonedas, –una tarjeta de memoria electrónica más pequeña que un sello postal– es suficiente para almacenar casi absolutamente cualquier volumen de la misma, lo que hace físicamente imposible controlarlo.

Así, la única forma de lidiar con las criptomonedas es bloquear sus operaciones de intercambio con dinero tradicional del sistema bancario y financiero clásico, que el Estado tiene la capacidad de controlar, ya que es su único propietario y emisor. En octubre de 2020, el PIB combinado del planeta se acerca a los $90 billones de dólares. El volumen total de la deuda global, según el Instituto de Finanzas Internacionales (IIF), ha alcanzado los $277 billones de dólares. La cantidad de derivados mundiales, según el Banco de Pagos Internacionales, supera los $1.5 cuatrillones o $1000 billones de dólares, que es 1,040 veces el valor de las reservas de oro de todos los Bancos Centrales del planeta.

Mientras la facturación de las criptomonedas existentes ($1 billón) no vaya más allá del nicho extremadamente pequeño en el contexto de la escala del sistema financiero global, el Estado estará, en principio, listo para soportar la existencia de un fenómeno como la cripta. Por un lado, el costo de su completa destrucción excede cualquier beneficio actual. Por otro lado, los servicios de inteligencia de los gobiernos también utilizan la cripta para sus operaciones ilegales u operaciones negras. Sin embargo, tan pronto como haya la amenaza de que la cripta alcance más allá de los límites del «ruido estadístico», la situación cambiará drásticamente.

CRIPTOS 2: CRIPTOYUAN.
CHINA Y LA JUGADA CONTRA EL USD

El politburo chino hace tiempo se dio cuenta de la posibilidad de crear una herramienta que, por un lado, conserve las ventajas de una criptomoneda y, por el otro, carezca de sus desventajas. Al mismo tiempo que le permita sortear el problema del dominio del dólar en las finanzas mundiales. La mayoría de los mercados establecidos, principalmente materias primas y energía, siguen dependiendo de manera crítica de los mecanismos occidentales; o incluso, directamente estadounidenses.

Por ejemplo, el precio mundial del oro lo establecen Gran Bretaña y USA, donde tienen lugar hasta el 90% de las transacciones físicas reales con un activo. La situación es similar con las cotizaciones de petróleo. En el comercio del gas, su influencia es menor, pero aún conserva una participación decisiva. Y los precios mundiales de las materias primas básicas, sobre todo los metales, se determinan como resultado de la negociación en la Bolsa de Metales de Londres, cuyas cotizaciones se establecen únicamente en dólares estadounidenses. La participación del dólar en los acuerdos internacionales mundiales de 2018 se mantenía en casi 43%. El dólar denomina aproximadamente el 68% de las reservas internacionales, y el capital de inversión, así como hasta el 74% de todas las propiedades del planeta.

Al mismo tiempo, la participación de la economía estadounidense en el PIB mundial ronda unos 20%. También, la mitad de las liquidaciones financieras del mundo, 2/3 de las reservas internacionales y 3/4 partes de los activos planetarios. El sistema del dólar se mantiene bajo su control simplemente debido a las circunstancias predominantes del dominio del sistema de liquidación inter-bancario SWIFT controlado por Estados Unidos, bloqueando todos los intentos de eludirlo en las operaciones diarias.

En 2015, China anunció la creación de su propio análogo de SWIFT llamado CIPS (Sistema de Pagos Internacionales de China). La contraparte rusa, el Sistema de mensajería financiera, a mediados de 2018, ya estaban operando más de 400 entidades financieras y organizaciones de la mayoría de las regiones del país. Durante cuatro años, la Unión Europea ha estado desarrollando su propio sistema, bajo el extraño nombre de "Vehículo de propósito especial". Pero de momento Bruselas no ha avanzado más que probando su prototipo funcional. India, Brasil y Sudáfrica también expresaron un deseo similar, aunque no se sabe nada sobre ningún trabajo práctico en esta dirección por parte de estos países.

Como una de las economías más grandes del mundo (PIB en 2019 - $14.5 billones, el segundo más grande del mundo después de Estados Unidos), y también debido a la enorme dependencia de los ingresos del comercio exterior (la participación del comercio exterior en el PIB de China es del 32%), China enfrentó una resistencia insuperable del sistema financiero internacional basado en el dominio del dólar estadounidense. Esto llevó a las autoridades chinas a buscar soluciones asimétricas al problema.

El 25 de abril de 2020, el Banco Popular de China lanzó en modo de prueba la plataforma blockchain nacional llamada BSN o cripto-yuan. Su esencia radica en que el Banco Central de China sigue siendo el emisor de cripto yuan, que es el responsable de la emisión del dinero criptográfico, así como de su verificación en las billeteras electrónicas de los usuarios.

Pero al mismo tiempo, los cálculos en sí mismos se realizan sobre la base de las tecnologías abiertas básicas de Internet, y pueden llevarse a cabo incluso en ausencia de comunicación con la red global. Una conexión entre los dos monederos electrónicos es suficiente utilizando las capacidades técnicas nativas de los dispositivos móviles locales.

Sin embargo el Crypto Yuan no es un Crypto. ¿Por qué? Técnicamente, el cripto yuan chino no es una criptomoneda en toda regla, ya que viola dos de los cinco de sus principios fundamentales. Cripto Yuan está controlado por el Banco Popular de China, lo que elimina el anonimato de los propietarios de billeteras y sus transacciones de pago. Por lo tanto, dentro del país, para un residente, no hay diferencia entre efectivo, no efectivo y cripto-yuan. Para adquirir una billetera electrónica, un ciudadano de un país debe recibir una cuenta individual en el sistema bancario nacional, proporcionando sus documentos de identidad.

Además, aunque las monedas virtuales de cripto-yuan están físicamente en la billetera del dispositivo del usuario, con cualquier conexión a Internet, la información sobre su estado, así como las operaciones realizadas para moverlas, se refleja inmediatamente en la base de la cuenta del usuario en el sistema bancario nacional, por lo que queda disponible para el Fisco y otros órganos de control del Estado. Si es necesario, el sistema bancario nacional puede incluso bloquear una cuenta individual y, a través de ella, la billetera del usuario en un dispositivo móvil.

Por lo tanto, para un chino común no hay diferencia entre las tres formas del yuan. Si tenía, digamos, 100 yuanes en forma de factura, lo depositaba en su cuenta bancaria habitual a través de un cajero automático, o lo transfiere a un banco normal en forma de cripta, todavía tiene los mismos 100 yuanes. A menos que en áreas remotas del país con poca cobertura del sistema de comunicaciones móviles e Internet, sea posible utilizar menos efectivo a favor del formulario electrónico. Y nada más.

Pero para los acuerdos comerciales internacionales, el cripto-yuan resulta ser la forma muy deseada de eludir la hegemonía del dólar y el control total del Tesoro de USA sobre los acuerdos mundiales a través de la propiedad de SWIFT. Además, tanto a nivel de ciudadanos comunes como de empresas chinas que trabajan en el extranjero. Especialmente cuando cumplen órdenes, formalmente extranjeras, pero al mismo tiempo actúan en cooperación entre sí.

Tomemos, por ejemplo, el tema popular del turismo chino. Según cifras estadísticas, su volumen es extremadamente grande. Pero el análisis de las transacciones muestra que, además de atracciones generalmente reconocidas como la Torre Eiffel, el Louvre o las Cataratas de Niágara, la gran mayoría de los turistas chinos utilizan los servicios de guías predominantemente chinos, reservas de habitaciones de hotel, cenan en restaurantes y compran recuerdos en tiendas de souvenirs que pertenecen a los chinos.

Existe un gigantesco negocio cuando los turistas pagan todo esto en yuanes dentro de China, aunque físicamente están fuera de país. Por lo tanto, el monto principal de dichos pagos permanece fuera del control de las autoridades fiscales de los países extranjeros. Del mismo modo, las empresas chinas que suministran materias primas, mano de obra, servicios, etc. interactúan, albergando así una parte significativa de los ingresos de los impuestos locales y pagando impuestos solo en China.

Otro tema de gran interés es el clúster económico cerrado como condición principal para la legalización internacional del cripto-yuan. Antes del lanzamiento de cripto yuan, las posibilidades del esquema descrito anteriormente estaban seriamente limitadas por la necesidad, en cualquiera de las etapas, de recurrir al uso de dinero ordinario, es decir ingreso al sistema SWIFT. Por lo tanto, se enfrenta con todas las limitaciones explicadas antes. Con el lanzamiento del cripto-yuan, la circulación a gran escala, se elimina por completo. Pero para ello es necesario asegurar el consentimiento de los gobiernos de Estados extranjeros para su circulación pública masiva en su territorio. El logro de tal objetivo solo es posible mediante una combinación de dos factores.

Primero, los países objetivo deben ingresar voluntariamente a un espacio comercial único común, en el que China ocuparía indudablemente una posición dominante en la economía, y los socios estarán extremadamente interesados en acceder a su mercado de consumo interno de 1.5 mil millones de personas en un grado tan alto que acuerden (al principio) cierta pérdida de independencia fiscal.

En segundo lugar, este espacio comercial debería excluír la aparición en este espacio de otros participantes, en términos de escala económica, comparable a China. Especialmente Estados Unidos o la UE. Solo en este caso, se formará un sistema dentro de dicho espacio, en esencia similar al dominio del dólar, solo que en lugar del estadounidense, la moneda china tomará el papel clave.

Potencialmente, tal paso abre la posibilidad de una absorción económica suave de las economías de los límites fronterizos a través de su plena integración en el sistema financiero de la República Popular China. En teoría, Beijing incluso podrá cobrarles impuestos, transfiriendo los montos correspondientes a las cuentas de los presupuestos locales. Si, al mismo tiempo, las autoridades chinas mantienen su línea actual de no injerencia oficial en los asuntos políticos internos de estos países, entonces dicha estrategia no encontrará ninguna oposición de las élites locales.

A largo plazo, dicha estrategia formará un mecanismo para la absorción gradual de las élites locales en la sociedad china, con la transferencia gradual de los límites de la idea del estado chino y los principios (reglas) de la organización interna (incluídos los valores imperativos) de la sociedad al espacio (y la sociedad).

Dado que el sistema bancario clásico de estos países sigue estando críticamente vinculado a SWIFT, y las autoridades estadounidenses, en el marco de la competencia comercial y geoeconómica con China, intentarán inevitablemente bloquear las transacciones de pago, los gobiernos de estos países también tendrán un fuerte incentivo para cambiar a un instrumento completamente ajeno al mundo monetario y financiero estadounidense.

Y China ya ha creado tal grupo. En la cumbre de la ASEAN, Beijing logró el establecimiento de la Asociación Económica Regional Integral (RCEP), que incluye a Vietnam, Tailandia, Myanmar,

Laos, Camboya, Malasia, Singapur, Indonesia, Brunei, Filipinas, Japón, Corea del Sur, Australia, Nueva Zelanda; y dominando sobre éllos China, garantizado para cerrar sus economías sobre sí misma.

El establecimiento de Asociación Económica Regional Integral marca el surgimiento de la zona de libre comercio más grande del planeta con un peso económico agregado del 30% del mundo y posiblemente incluso acercándose al 34-35% durante los próximos 3-4 años. Con una perspectiva garantizada de un mayor crecimiento hasta un 40% en los próximos 5 años a medida que se eliminen gradualmente las barreras comerciales y aduaneras dentro de la unión.

Al mismo tiempo, la posibilidad de admitir a USA, y a la UE en el RCEP ya está garantizada, ya que tal decisión no se puede tomar sin el consentimiento de al menos un miembro actual del espacio comercial común. Esto proporciona una garantía no solo contra el fortalecimiento de las operaciones comerciales a través de SWIFT, sino también contra la aparición en él de cualquier otra opción de criptomoneda. Especialmente cerca del cripto-yuan en diseño y propósito.

CRIPTOS 3: CRIPTO DOLAR

En nuestro episodio anterior hablamos del cripto yuan. Además de la República Popular China, cinco países más anunciaron planes o implementación de sus propios proyectos de criptomonedas: Dubai (Emcash), Venezuela (El Petro / Petro Moneda), Estonia (Estcoin), Suecia (E-Krona) y Japón (J-Coin). De estos, solo Emcash puede tener una perspectiva teórica, como herramienta para la penetración del emirato de Dubai, que forma parte de los Emiratos Arabes Unidos, en el espacio económico de los países árabes, que hoy se ven significativamente debilitados como consecuencia de la ola de revoluciones de color.

Africa, está preocupada, obviamente. El dinero local, por ejemplo, en Sudán, Somalia, Libia, tiene un valor dudoso y sus instituciones estatales son demasiado débiles para bloquear con éxito los pagos electrónicos de este tipo, y controlar la rotación de bienes materiales. Esto abre la perspectiva de un cierre gradual de sus economías al Emirato de Dubai, pero excluye la opción de su integración económica y política en este Emirato.

Todas las demás opciones o variantes en los demás países tienen la naturaleza de un culto de carga. Es decir, las personas que los promueven (la mayoría de los políticos populistas poco instruídos en la economía) intentan "hacer como todos los demás" y esperan de esta manera resolver los problemas internos de sus propios países, sin comprender o ignorar directamente las verdaderas fuentes de su origen real.

Por ejemplo, los suecos, y especialmente los estonios, están tratando de resistir la disolución de sus economías locales en la zona del euro. Se supone que E-Krona y Estcoin podrán convertirse en un medio paralelo para los asentamientos locales, simplemente porque los políticos así lo quieren, porque está de moda hablar sobre la perspectiva de la criptomoneda y, en general, el término le da significado e importancia, o peso a los ideólogos de tal o cual supuesto cripto.

El proyecto japonés todavía tenía cierta perspectiva, pero después de que Japón ingresó al RCEP, la Asociación Económica Integral Regional es un acuerdo de libre comercio, J-Coin definitivamente perderá frente al cripto-yuan debido a la obvia y abrumadora superioridad de la economía china. Y a nivel local, solo dentro de las islas japonesas, en realidad nadie necesita esta cripto japonesa.

A partir de aquí, se vuelve obvio que anunciar su propio cripto proyecto no es suficiente para su éxito. Sin su propio clúster económico cerrado, que incluye una serie de Estados extranjeros que están críticamente interesados en maximizar el acceso libre y, en aras de obtenerlo, aceptar las condiciones de un espacio económico común cerrado para otras economías del mundo; cualquier criptomoneda no tiene perspectivas prácticas. No podrá traspasar masivamente las fronteras del país emisor, y dentro de ellas quedará solo otra forma de dinero interno que no otorga ventajas significativas, ni a los usuarios ni a la economía del Estado por mucho que los cripto fanáticos quieran convencernos de lo contrario.

Si bien las conversaciones sobre la posibilidad de crear un cripto-dólar en Estados Unidos lleva casi el tiempo desde que Bitcoin existe; en realidad las autoridades políticas y monetarias de Estados Unidos se oponen categóricamente a su aparición. Además, el Tesoro de EE.UU. ya ha saboteado el proyecto de criptomonedas Gram de la plataforma blockchain TON desarrollada por Pavel Durov, el propietario de canal Telegram; plataforma que está casi completamente lista para su lanzamiento a libre circulación. Ojo, no es un proyecto fantasma tipo Tesla, sino una plataforma desarrollada de tal manera que hasta los mismísimos sistemas Visa y Mastercard planeaban transferir sus operaciones. Por la misma razón, el Tesoro de Estados Unidos está bloqueando un proyecto similar Libra (antes llamado Facebook Coin) de Mark Zuckerberg, propietario y creador de la red social Facebook. No es necesario que

Washington reemplace el estado actual de las cosas con ningún dólar criptográfico electrónico. Por tres razones principales:

Primero, porque Estados Unidos ya posee un espacio económico, comercial y financiero común dominado abrumadoramente por el dólar de toda la vida. La transición, dentro de ella, a la cripto-versión, no otorgará ningún beneficio económico tangible, mientras que los problemas para mantener a las muchas economías extranjeras entrando dentro del mundo del dólar por el contrario, aumentarán. Y Estados Unidos no tiene recursos suficientes para recuperarlos económicamente. En consecuencia, en el proceso de introducción de un cripto-dólar, existe un riesgo enorme e inevitable de perder parte de la zona actualmente controlada del sistema financiero global. Por eso, cuando los fanáticos del bitcoin me hablan de Bit como el Santo Grial de la economía financiera planetaria del futuro, sólo puedo asentar con la cabeza y darles la razón, igual que cuando hablo con los locos.

En segundo lugar, un factor importante que juega en contra de la perspectiva de un cripto-dólar es la ausencia fundamental de un banco central de propiedad estatal en los Estados Unidos. La Fed, que emite el dólar, es un consorcio de doce bancos de reserva, a los que solo se hace referencia públicamente como federales, pero que en realidad son propiedad privada. PRIVADA. El Estado estadounidense no figura entre sus accionistas.

Desde su punto de vista, es decir, desde el punto de vista del PODER, la aparición en Estados Unidos de otro centro emisor de una moneda masiva, aunque electrónica, pero paralela al dólar ordinario, significa la aparición de un competidor fuerte, potencialmente amenazando con socavar por circunstancia.

Y en tercer lugar, para el usuario final del dinero dentro del sistema actual, el dólar, en esencia, es electrónico de todos modos. En consecuencia, cualquier cripto-dólar competirá inevitablemente con él en el mercado, sin ningún beneficio, tanto para el emisor de criptomonedas como para el gobierno de EE. UU.

Para terminar, quiero decir que cualquier criptomoneda tiene sentido sólo como una herramienta para la expansión financiera y económica fuera del territorio estatal de su emisor. Y el mundo del dólar en las condiciones externas predominantes, especialmente prometedoras, simplemente no tiene dónde desarrollarse físicamente. Salvo que liquiden la zona euro, pero esta tarea es realizable de una manera mucho más fácil, sin generar una nueva criptomoneda estadounidense. Las economías de los países europeos ya dependen casi por completo del mercado de consumo interno de Estados Unidos Si no estáis de acuerdo, sugiero revisar los acuerdos iniciales de Bretton Woods y Plan Marshall post Segunda Guerra Mundial. Os recuerdo que la élite gobernante de la Unión Europea no tiene subjetividad geopolítica. Al contrario, le interesa el acercamiento con Estados Unidos. En nuestro siguiente episodio, hablaremos de cripos y su vínculo con el patrón oro.

Criptos 4:
Oro en el nuevo mundo digital

En ésta ultima parte de nuestro especial sobre los criptomonedas, me gustaría analizar las perspectivas del oro en el nuevo mundo digital. Algunos economistas mantienen la esperanza de un retorno del sistema financiero global a alguna versión del patrón oro. Si fuera así, en el caso de Rusia, la existencia de sus propias reservas sustanciales de oro físico debería supuestamente proporcionarle a Rusia en un futuro, un grado suficiente de independencia económica y política. Voy a usar como caso de estudio a Rusia, pero que cada uno de ustedes sustituya a Rusia por su propio país, para analizarlo desde su propia óptica.

Entonces empecemos preguntando: ¿Es factible una criptomoneda respaldada por el oro en el caso de Rusia? En este momento, veo poco probable que se cumplan esas expectativas. La participación de la Federación de Rusia en la economía mundial hoy no supera el 6-7%. Al menos el 70% del resto del mundo definitivamente no está interesado en la transición al patrón oro. Como ya expliqué en tres capítulos anteriores, definitivamente los Estados Unidos y la Unión Europea no lo necesitan. Cierto que hay muchos países interesados, pero son demasiado débiles y no influyen de ninguna manera en la formación de las reglas del sistema financiero mundial. ¿O alguien piensa que Guinea-Buisau o Mali, sin faltar respeto a estos países, podrán influir en la economía mundial si declarasen su cripto nacional respaldado por oro físico como patrón principal económico? Esto significa que, en este momento y con nuestra economía como tal, los deseos de Rusia en estos procesos tampoco pueden tener un peso decisivo.

Esto sugiere una conclusión inequívoca de que el oro en su conjunto preservará la calidad ya establecida de uno de los activos fundamentales para reducir los riesgos financieros de las reservas financieras estatales, pero no podrá convertirse en un medio de pago independiente capaz de poder reemplazar al dólar o a cualquier otra moneda internacional, tanto natural como digital virtual.

¿Qué significa eso para Rusia? O para cualquier otro país...

Todo lo anterior fundamenta claramente las siguientes conclusiones sobre la viabilidad y las perspectivas de crear su propio criptorublo en la Federación de Rusia. En primer lugar, en su forma pura, completamente anónima y completamente incontrolada por el Estado, la criptomoneda es directamente destructiva para el Estado ruso. En segundo lugar, incluso en forma truncada, por analogía con el cripto-yuan, no resolverá ninguno de los problemas claves de la economía dentro del país. Con su ayuda, es imposible expandir la capacidad del mercado de consumo interno o reducir la dependencia del comercio exterior con países extranjeros. Tampoco para detener de alguna manera el creciente estado de ánimo negativo del principal socio comercial: Europa.

Además, su lanzamiento, contrariamente a los mecanismos reales de funcionamiento de la criptamoneda, como la comunidad bancaria rusa está tratando de impulsar, significa solo la formación de condiciones para inflar una burbuja financiera. Los bancos consideran el criptorublo en completo aislamiento de sus propiedades económicas, solo en forma de un envoltorio de caramelo más, en cuya conversión en efectivo o en forma ordinaria no monetaria (y viceversa) pueden "ganar" o sacar ventaja económica éllos, los banqueros.

Os recuerdo, y es importante tener en cuenta que al lanzar el Crypto Yuan, además de los objetivos globales externos, la China también persigue el objetivo de eliminar el mecanismo bancario obsoleto formado sobre la base de los viejos principios occidentales de organizar el sistema bancario en su conjunto. Es decir, en el marco del cual el banco central emite el dinero, vigila el cumplimiento de las reglas de circulación monetaria establecidas por el banco, y lo presta a los bancos privados que otorgan directamente más préstamos a empresas e individuos, así como el servicio técnico de sus operaciones financieras.

La formación de un sistema en el que los propietarios de carteras electrónicas de criptoyuanes abren inmediatamente cuentas directamente con la Banca Nacional de China está destruyendo esta pirámide. En el nuevo esquema, después de que el criptoyuan alcance una facturación masiva, todas las ganancias no utilizadas en la facturación operativa actual se liquidarán en forma de saldos en las cuentas de la Banco Nacional Chino, y no en los bancos comerciales. Así, el Estado tendrá la oportunidad de invertirlo en proyectos, en cuyo desarrollo, en primer lugar, está interesado el propio Estado. O sea, estamos hablando de un sistema de dos contornos, el de Stalin.

La comunidad bancaria de la Federación de Rusia, siendo una comunidad banquero-financista-liberal-parasitaria-pro-Occidental, no está interesada activamente en la implementación de dicho esquema porque supondría gastar dinero en proyectos para el Bien Común; es decir gastar dinero en el pueblo, en vez de gastos suntuarios y superfluos como autos Lambourginis, amantes con pechos de silicona, casas de lujo, y en rameras baratas. Esto significa que resistirá seriamente cualquier intento de implementarlo.

Aunque, en general, como herramienta para la nacionalización relativamente suave de la banca en Rusia, su propia cripta podría tener perspectivas, aunque limitadas. En tercer lugar, la condición principal y clave para la implementación exitosa de cualquier proyecto de criptomonedas es la formación de nuestro propio clúster económico cerrado, que necesariamente incluye las economías de Estados extranjeros como un espacio para la expansión de la economía rusa. ¿Podría salirle bien a Venezuela la jugada con su criptomoneda "Petro"? Podría, si consigue unir al continente dentro de una zona económica viable a través de la formación de su propio cluster económico cerrado. ¿Cuál sería el problema para cualquier criptomoneda?

Por ahora, el rublo sigue siendo una moneda secundaria y dependiente frente al dólar. Según el sistema actual, su emisión depende directamente de la evaluación del valor de la economía rusa en dólares estadounidenses. En el caso de crear un cluster comercial y económico bastante extenso, con el dominio indiscutible de la Federación de Rusia, cerrado a gran escala a su mercado de consumo interno, la dependencia del llamado "lejano extranjero" puede reducirse a valores que no tienen una influencia decisiva sobre el rublo. ¿Existe algo así en la actualidad? Claro que existe, y lo comentamos en el reportaje anterior, RCEP, es decir, la Asociación Económica Integral Regional, un acuerdo de libre comercio entre los diez Estados miembros de la Asociación de Naciones del Sudeste Asiático.

Por lo tanto, la perspectiva se abre en un período relativamente corto, de 5 a 10 años, para cerrarlos en la versión rusa de la RCEP. En lo que sólo entonces será posible involucrar gradualmente a los países post-soviéticos.

La dialéctica falsa de los globalistas

Hoy en día es habitual encontrar en los medios de masa, entre los politólogos occidentales, comentaristas, participantes de los programas de TV, o incluso entre la masa poco informada de gente que identifican globalismo con Nancy Pelosi, y los liberales financistas con socialismo. Sin embargo, debajo del globalismo se encuentra la esencia neo-feudal de la civilización occidental que lucha por la dominación mundial en el período post-industrial. Y esta esencia la hemos visto en el nuevo libro el Gran Reinicio del principal ideologo del Foro Económico Mundial, Klaus Schwab.

El llamado (sin tapujos) de los globalistas a todos los pueblos del mundo a "entregarse" a éllos a "merced del ganador", cediendo propiedad, libertad de creatividad... a cambio de la promesa de que "nos darán todo gratis" según el rol asignado a cada uno, fué identificado por éllos con el llamamiento al "socialismo mundial"; además, algunos "expertos" afirmaron que éllos (los globalistas) ya han implementado "el socialismo en la práctica".

Creo que ha llegado el momento de revisar todos los términos que se utilizan en las discusiones públicas y correlacionarlos con las categorías científicas existentes, para identificar aquellos conceptos que faltan, que no corresponden a la realidad, o que no tienen una definición clara o correcta. Estoy seguro de que inmediatamente saldrá a la luz la casi total ausencia de un lenguaje para una adecuada discusión de los problemas sociales. Esta ausencia del lenguaje también es fácil de entender: el modelo Occidental basado en el crecimiento infinito está en su lecho de muerte, y no existe ni una sola institución capaz de proponer algo diferente en el marco del capitalismo Occidental.

Uno de estos conceptos mal clasificados es el "socialismo", que la gran mayoría mezcla con el marxismo, maoísmo y que lo equiparan con el globalismo. Primero, el socialismo de Estado en la Unión Soviética no era capitalismo de Estado porque no tenía una clase de beneficiarios; es decir, de propietarios privados de los medios de producción.

Todos los ciudadanos eran legalmente beneficiarios, esto se derivaba del concepto de propiedad pública de los medios de producción en forma de **propiedad estatal**. Además, no existían relaciones de mercado en la URSS ni siquiera entre empresas estatales, para las cuales el Estado planificó un pedido estatal para el 100% de la capacidad de producción.

Quiero enforcarme momentáneamente a la naturaleza planeada de la economía. Después de todo, los críticos del modelo soviético han usado la frase peyorativa "sistema de comando administrativo" principalmente para referirse al planeamiento económico, que es lo opuesto a la supuesta "economía de mercado", es decir, una economía basada en las ganancias y el enriquecimiento.

Aquellos que despectivamente hablan de la economía socialista soviética, como si fuera decrépita están cayendo en la trampa propagandistica barata. Por ejemplo, hasta 1985, es decir, antes de la Perestroika cuyo objetivo era destruír el país desde adentro, la URSS ocupó el segundo lugar del mundo y el primero en Europa, en lo referente a la producción industrial. En 1975, la participación de la URSS en la producción industrial mundial era de 20% (en comparación, hoy en día con la de Estados Unidos que es de 18.4%); y el PIB soviético representaba 10% del PIB mundial.

La inteligencia israelita arrojaba cifras incluso mayores. De acuerdo con sus analistas, el nivel de vida en la URSS era de entre 80 a 85% igual al de Estados Unidos, incluyendo los servicios pagados y los gratuitos, así como los supuestos invaluables factores humanitarios (casi nulo el índice de criminalidad, la seguridad social integral, las universidades gratuitas, los servicios médicos gratuitos, las guarderías gratuitas; y desde 1960 nadie pagaba impuestos). En 1975, cuando la población de la URSS equivalía a

9.4% del Consejo de Ayuda Mutua Económica (CMEA por sus siglas en inglés, una organización de cooperación económica formada en torno a la URSS por diversos países socialistas) representó más del 30% de la producción industrial del planeta, y más del 25% del ingreso mundial. La URSS generó 60% de la producción industrial del CMEA.

En el modelo soviético se trataba de un asunto de planeamiento directivo en el que el plan tenía el estatus de ley, y estaba sujeto a ejecución obligatoria. Esto se define en comparación con el llamado planeamiento indicativo usado en los países de Europa Occidental, y en Japón trás la Segunda Guerra Mundial; y que tiene el carácter de recomendación y orientación para las entidades económicas. Por cierto, el planeamiento directivo no es exclusivo de la "economía estalinista", existe actualmente en grandes corporaciones.

Si los críticos del modelo soviético se enamoraron de la expresión "sistema de comando administrativo", también deberían criticar con el mismo fervor a las corporaciones trasnacionales más grandes del mundo, Amazon, Google, Microsoft o Samsung. El modelo soviético era comparable con una gran empresa llamada "Unión Soviética", la cual consistía en talleres independientes, y sitios de producción que trabajaban para generar un producto final.

A este producto final no se le consideraba un resultado financiero (ganancia), sino una serie de bienes y servicios específicos que satisfacían las necesidades sociales y personales del pueblo. Los indicadores del producto social (y sus elementos), en términos de valor, solo funcionan como una guía durante la implementación de los planes anuales y quinquenales, y en la evaluación de los resultados de dicha implementación.

La eficiencia máxima de producción de toda la empresa se logra gracias a la división de la mano de obra, la especialización y la cooperación bien coordinada. Sobra decir que no puede haber competencia entre los talleres y las secciones. Esta competencia solo desorganizaría el trabajo de toda la empresa y generaría costos injustificados. En lugar de competencia, existía cooperación en el marco de una causa y un bien común. Los talleres y las secciones independientes producen materias primas, energía, productos semi-elaborados y componentes con los que al final se forma un producto que será usado por muchos. Luego, este producto común es distribuido entre todos los participantes de la producción.

Esta enorme producción, el intercambio y la distribución fueron manejados por los cuerpos gubernamentales y de coordinación de la "Empresa URSS". En otras palabras, por el gobierno, los ministerios y los departamentos ministeriales. Estos cuerpos desempeñaban funciones de coordinación y control como es el caso de la Comisión de Planeamiento Estatal de la URSS, el Ministerio de Finanzas de la URSS, el Banco Estatal de la URSS (banco central) y otros. También tenían su red territorial que incluía departamentos con nombres similares a los de las repúblicas de la unión.

Por cierto, en las corporaciones occidentales más grandes existe un esquema organizativo y de administración similar, especialmente en las trasnacionales. Este esquema se relaciona con el sector real de la economía. No hay vínculos de mercado en su interior, son cálculos condicionados que se basan en la "transferencia" (intercorporativa) de precios.

Modelo Occidental vs Modelo Estalinista

En la segunda parte de nuestro reportaje, me gustaría enfocarme en la economía estalinista, el gran secreto del avance económico e industrial de la Unión Soviética en los años post-revolución. En el Occidente, les gusta enfatizar en el retraso de la URSS como país agrarista, mayoritariamente analfabeta, y que dependía del capital Occidental para sobrevivir. Esto es completamente falso.

Por ejemplo, el incremento en el volúmen físico de la producción industrial bruta de la Unión Soviética en el período correspondiente a los primeros dos planes quinquenales (1928-1937) fue abrumador por la cantidad de hierro fundido, acero, metales ferrosos laminados, carbón, electricidad, y cemento con los cuales se incrementó la producción en un promedio de 400%. Cabe destacar la capacidad transformadora, lo que el Consejo de Seguridad Nacional de Estados Unidos describió como "la capacidad probada de lograr que países con rezagos atraviesen velozmente la crísis de la modernización y la industrialización."

La pregunta es, ¿cómo se financiaron estos proyectos monumentales? La transformación de la Unión Soviética, de Estado predominantemente agrario en poder industrial líder exigió inversiones financieras extraordinarias. El gobierno soviético, desesperado por crecer, estaba dispuesto a aceptar cualquier condición a cambio de estas inversiones esenciales. La participación total de todas las inversiones extranjeras en la industrialización de la URSS fué de alrededor el 4%.

El gobierno soviético trató de vender bonos, pero entre 1928 y 1929 éstos sólo proveyeron 800 de los 7,700 millones de rublos requeridos para los gastos. En total, en los primeros dos planes quinquenales, las "inversiones domésticas" proveyeron aproximadamente 23% de toda la inversión. ¿De dónde vino el 77% faltante para cubrir los costos de industrialización?

Los cuentos de hadas sobre los GULAG y los prisioneros políticos forzados a trabajar sin salario en los campos de trabajo los dejaré para los cuentistas analfabetos. Es obvio que un esclavo podrá romper una gran roca con un martillo y no cobrar, pero no va a construir un avión de cuatro motores ni a cosechar trigo que pueda crecer en las regiones circumpolares como el Ártico, a menos de que trabajen por un ideal superior. ¿Secreto? El modelo estalinista de dos contornos: rublos en efectivo y rublos en noefectivo. Esta información es absolutamente desconocida para el 99.9% de la población occidental debido a que en el Occidente usuario de un modelo único, descartan cualquier alternative económica a los dictados capitalista.

El asunto de la industrialización rápida fue un elemento clave del modelo económico soviético. En las primeras discusiones del Comité Central de Planeación, se tuvo la idea de usar como ejemplo la industrialización inglesa, es decir, la denominada "revolución industrial". En el caso de Inglaterra, sin embargo, la fuente de la revolución industrial fue la acumulación inicial de capital bajo la forma de un saqueo despiadado a sus colonias. La Unión Soviética sencillamente no tenía la posibilidad de hacer eso.

Fue por esto que se decidió no "atar" el proceso de industrialización a los ahorros de la población ni a las ganancias de las industrias que generaban productos de consumo, sino impulsarlo con dinero no-efectivo que no estuviera vinculado con la esfera del consumo de bienes y servicios por parte de la población. El dinero no-efectivo en la URSS tenía como propósito principal la creación y el desarrollo de industrias para la generación de medios de producción, es decir, bienes de capital.

Estoy hablando de maquinaria, equipos, vehículos, cortadoras de metal, hiladoras, maquinaria pesada. También materias primas, energía, materiales para la construcción, componentes y productos semi-elaborados necesarios para la generación de medios de producción (bienes de capital), y bienes de consumo. A la generación de medios de producción se le llamó grupo "A" de industrias. También hubo un grupo "B" de industrias, las dedicadas a la producción de bienes de consumo (alimentos, luz, productos farmacéuticos, artículos del hogar, etcétera).

Aquí lo importante fue que los productos del grupo "A" de industrias no tenían el estatus de productos. ¿Por qué? Porque en el caso de la compra/venta de productos de un grupo de industrias "A", los productos pueden convertirse en capital, es decir, se trata de un medio para obtener rentas o ganancias. Esta distinción fue un momento clave para las transformaciones económicas en aquel tiempo.

Uno podría decir que si no hay producto, resulta lógico dar por hecho que no hay dinero. Sí, así sucede en la economía capitalista occidental, pero aquí hablamos del dinero no-efectivo de la "economía de Stalin". El hecho es que, en este caso, la expresión "dinero no-efectivo" debe escribirse entre comillas. En todos los sectores de la economía, no solo en el grupo "A" de las industrias sino también en el "B", se establecieron relaciones de mercado distributivas. Me refiero precisamente a las relaciones de distribución a las que hoy en día todavía se les denomina "economía de comando". Esta distribución, sin embargo, no era una manifestación del voluntarismo, se llevaba a cabo con base en planes anuales y quinquenales para el desarrollo de la economía nacional controlado por el Gosplan (Comité de Planeación Estatal), el Ministerio de Finanzas, y el Banco Estatal de la URSS.

El gobierno distribuía los medios de producción exclusivamente entre las empresas del país, y la distribución de recursos se basaba en decisiones que provenían del gobierno. Asimismo, la contabilidad para el movimiento de fondos en el interior de una corporación se basaba en los llamados precios de "transferencia", los cuales podían tener muy poco que ver con los precios del mercado.

Todo se establecía para maximizar el resultado "integral". La diferencia fundamental entre la "corporación URSS" y la corporación capitalista ordinaria, es que la primera se dedicaba a la ejecución de objetivos superiores (sociales, militares, científicos, técnicos, culturales), y la segunda se dedica a maximizar las ganancias para su propietario o grupo de accionistas.

Por consiguiente, el dinero no-efectivo no tenía esta función clásica como medio de intercambio. Ni siquiera se le podía llamar medida de valor (que es la primera función "clásica" del dinero). Era un tipo de unidad convencional que servía para mantener el planeamiento de la distribución, y el control de uso de todo tipo de recursos en la economía y en la contabilidad; así como la disciplina de las relaciones contractuales entre empresas. Por ejemplo, la violación de los acuerdos de suministro de productos por parte de una empresa a otra, podía conducir a que la segunda empresa no aceptara (aprobara) los requerimientos de pago de la primera. Como resultado, la primera no recibía en su cuenta bancaria los fondos en no-efectivo; y en tiempos de Stalin a esto se le consideraba un delicado estado de emergencia. Era un mecanismo bastante claro de las relaciones de distribución.

Aún queda la pregunta de si esta emisión fue "cubierta" o "no cubierta". Los préstamos nuevos del Banco Estatal se emitían para proyectos concretos, y se esperaba que fueran devueltos en el futuro. Podemos hacer una analogía con el esquema del "proyecto de financiamiento" en el occidente (un préstamo respaldado no con propiedad sino con un proyecto que proveerá ingresos en efectivo en el futuro); en una economía de mercado se considera que este esquema es extremadamente riesgoso.

En la economía estalinista, en más de una ocasión hubo fracasos en el desarrollo de los proyectos y en el repago de los préstamos, pero esos fracasos no produjeron incumplimiento ni por parte de la empresa ni del Estado. Fueron cubiertos rápidamente a través de maniobras que se hicieron con los recursos financieros estatales. La emisión de no-efectivo por parte del Banco Estatal se llevaba a cabo con base en el Plan de Crédito del país, el cual estaba vinculado con el Programa Económico Nacional General, y con el presupuesto estatal. Se establecieron barreras sólidas entre el contorno sin efectivo (rublos en no-efectivo) y el contorno en efectivo (rublos en efectivo) de la circulación monetaria. A las empresas se les permitió transferir en efectivo solo las cantidades necesarias para pagar sueldos.

Los principios de funcionamiento del sistema financiero soviético estaban tan camuflados entre las construcciones ideológicas que hasta la fecha continúan siendo irrazonables para los financieros y los economistas occidentales. El gran salto en la economía produjo un cambio absoluto en su estructura y dió paso a la fundación de un sistema financiero apropiado. Este salto trazó una dirección en la que la economía no se desarrolla de acuerdo con el aumento del consumo personal, sino más bien, el consumo aumenta en relación con el crecimiento de la economía.

El sistema financiero establecido en la URSS no ha tenido análogos en la historia. Contrastaba de una manera tajante con toda la experiencia acumulada por la ciencia económica hasta ese momento, que para su implementación fue necesario redactar no una justificación científica completa, sino ideológica. Aún hoy en Rusia post-soviética, seguimos chupando y viviendo a costa de lo que creó Stalin.

EL DEGRADO DEL OCCIDENTE

Me gustaría profundizar sobre la inevitable degradación del Occidente y su profunda crísis económica, política y social. En su discurso de Davos (2021), el Presidente ruso Vladimir Putin describió los principales desafíos que enfrenta toda la comunidad mundial. Reconociendo que en los últimos cuarenta años; es decir, desde Reaganomics, el globalismo ha llevado a duplicar el PIB real per cápita en términos de poder adquisitivo que permitió a mil millones de personas en los países en desarrollo vivir mejor, el líder ruso señaló que la otra cara de la moneda supuso un fuerte crecimiento en la estratificación social y una brecha en los ingresos de los ciudadanos.

Esta brecha es más profunda en los países desarrollados, lo que se confirma con las estadísticas de un aumento en el número de pobres, por ejemplo, en Estados Unidos. Antes de COVID, 100 millones de estadounidenses llevaban años sin trabajar. A este número podríamos sumar los 60 millones de ciudadanos estadounidenses que perdieron su empleo en febrero 2020. Al mismo tiempo, la globalización ha llevado a un aumento de las ganancias de los monopolios estadounidenses y europeos. Es decir, el crecimiento de su riqueza se logró debido al empobrecimiento masivo de las personas en sus propios países. Esto se llama la transferencia de la riqueza. Justo lo que estamos viendo hoy en día a nivel del Occidente capitalista.

Putin dijo que son las empresas transnacionales las que se han convertido en las principales beneficiarias del modelo de globalismo liberal; y si este proceso continúa en los próximos años, es claro que el mundo enfrentará una serie de tormentas revolucionarias y levantamientos militares; y sobre todo, en los propios Estados desarrollados, es decir USA, Canadá, Europa Occidental; y en América Latina que sigue al pie de letra el modelo liberal financista y los dictados del FMI. El viento sembrador cosechará el torbellino: dijo Putin en la cara al Occidente capitalista.

Es decir, el Presidente de la Federación de Rusia gana a los liberales con sus cartas de triunfo. Los critica desde una posición claramente izquierdista, pero no radicalmente liberal de izquierda, sino liberal conservadora moderada e incluso socialdemócrata. A los intentos de los liberales de izquierda por coquetear con el tema de la estratificación social y la arbitrariedad de los monopolios, Putin mostró falsedad e hipocresía de esta postura equivocada. Debería resultar claro que defender el globalismo no es más que defender el derecho de los ricos a ser más ricos, y de los pobres a ser más pobres.

El capitalismo en su estado actual está en su lecho de muerte. Marx llegó a una conclusión sobre la finitud del capitalismo, apoyándose no solo en una sola teoría de las formaciones socioeconómicas cambiantes. En el centro de las conclusiones de Marx estaba la observación del capitalismo mismo, en particular, la afirmación de la necesidad de un crecimiento ilimitado para cualquier empresa (quien no crece o crece menos que los demás, pierde la competencia), y de allí la inevitabilidad de la monopolización total de la economía capitalista. Ninguna ley antimonopolio podría ayudar aquí.

Repito, el crecimiento permanente es un requisito previo para una economía capitalista. Pero el volumen del mercado es limitado, y de hecho ha llegado a su límite de expansión, y cualquier super-monopolio se topa con la imposibilidad de seguir creciendo debido al agotamiento del volumen del mercado. Tratar de producir productos que fallen más rápido para que la gente compre con más frecuencia y, por lo tanto, aumente artificialmente la capacidad del mercado es una solución paliativa. Es imposible reducir el intervalo de tiempo entre dos compras de forma indefinida.

Así, la crísis general del sistema, predicha por Marx, era inevitable: y los liberales de izquierda, que organizaron la transferencia de fondos del sector real al sector financiero sobre la base de la Reaganomics; al mismo tiempo pasaron a tomar prestado de las generaciones futuras, y solo aceleró el inicio de esta inevitabilidad. La misma aparición de gobiernos liberales de izquierda en lugar de la tradicional ideología conservadora de derecha para el capitalismo clásico, ya era evidencia de una profunda crísis. La inevitabilidad del colapso del sistema también fue evidenciada por el hecho de que las ideas liberales de izquierda fueron adoptadas por los partidos y políticos conservadores de derecha.

Después de Reagan en Estados Unidos, Thatcher en Gran Bretaña, Chirac en Francia y Kohl en Alemania, los políticos conservadores de Occidente siguieron siendo sólo de nombre. Los conservadores nacionales modernos que llegaron al poder en algunos países de Europa del Este, que eligieron a Trump como Presidente de Estados Unidos, y están ganando peso en Europa Occidental, son la reacción de parte de las élites sistémicas que intentan solucionar un problema económico no resuelto mediante medios políticos. Permítanme recordarles que las ideas liberales de izquierda, en muchos aspectos similares a las de hoy, agitaron a las sociedades occidentales durante el período de crísis del sistema feudal tardío y la transición al capitalismo. Entonces, la primera reacción del sistema saliente fue el fortalecimiento del Estado en forma de transición a una monarquía absoluta.

La fuerte concentración en manos del Estado de un enorme recurso político y económico permitió retrasar el proceso de desintegración del feudalismo europeo durante cien o doscientos años. Pero el precio que se pagó por esto fue el nacionalismo, y el carácter universal del poder estatal. A diferencia del monarca estamental es decir del estrato de una sociedad, que dependía de la sociedad feudal que lo nominaba, todos sus súbditos eran iguales en desigualdad ante el monarca absoluto.

Ahora también vemos el deseo de los Estados capitalistas de fortalecer drásticamente las capacidades de las autoridades para reprimir los movimientos transformadores; así como el surgimiento y el conjunto de puntos políticos por parte de representantes del capitalismo protector (conservador-nacionalista). Todas estas acciones no pueden cambiar el destino del sistema, así como los intentos de fortalecerlo y modernizarlo no cambió el destino del feudalismo. La economía es un duro dictador, que en cualquier caso obliga a la sociedad a soportar sus exigencias. La única alternativa es la autodestrucción por vía de una guerra civil.

Incluso cuando llegan al poder, los conservadores (como Trump en Estados Unidos) no pueden revertir las leyes del desarrollo económico. Por tanto, sus programas económicos resultan poco entusiastas y no conducen a la destrucción de la base económica del liberalismo de izquierda, que es un serio competidor del gobierno conservador. La lucha entre liberales y conservadores solo debilita aún más el sistema, el cual se ve obligado a gastar recursos escasos para una confrontación interna sin sentido. La cuestión es que la situación actual se diferencia de las crísis sistémicas anteriores en que ambas fuerzas opuestas quieren preservar el sistema.

Los liberales simplemente creen que será posible encontrar sin cesar una salida al estancamiento del crecimiento creando una economía virtual con crecimiento virtual. Los conservadores quieren hacer retroceder varias décadas al mundo en términos de globalización para tener espacio para un nuevo crecimiento. Sus fantasías son absurdas. Una vez desatados las fuerzas económicas, no hay forma de hacerles volver al pasado, salvo bajo una destrucción del planeta tierra. El resultado de una política sin sentido es la degeneración y división de las élites.

Sólo recordemos que el primer Primer Ministro de la Reina Isabel II, fué Winston Churchill, uno de los Tres Grandes, que fue llamado "el Grande", no en absoluto por el tamaño de los países incluídos en él, sino por las cualidades de los líderes que dirigieron estos países. No hace mucho, Gran Bretaña estaba gobernada por el gobierno conservador de Margaret Thatcher, una persona controvertida, pero una política, por supuesto, poderosa. No en vano fue llamada la "Dama de Hierro", por analogía con el "Duque de Hierro", como los enemigos le llamaban a Wellington durante su mandato como Primer Ministro.

Y ahora los conservadores están en el poder nuevamente, y están encabezados por un bufón, Boris Johnson. Y resulta que este hombre con hábitos de payaso barato, malabarista del circo del barrio, es lo mejor que puede ofrecer el Partido Conservador de Gran Bretaña. Su antecesor inmediato, Teresa May fue un modelo de fealdad aburrida con la ausencia incluso de una pizca de inteligencia. Un caniche estúpido y en el lenguaje de la calle, una "tonta de culo". La degeneración del sistema conduce inevitablemente a una élite degenerada.

¿Significa esto que dado que el sistema capitalista está en su lecho de muerte, el comunismo no está lejos de resurgir y que uno puede prepararse para la vida en una sociedad ideal de armonía, de no violencia y de satisfacción de todas las necesidades? No, en absoluto. Por primera vez en la historia de la humanidad, la muerte del sistema se produce en ausencia de una alternativa política imputada al mismo. Todo el mundo entiende que el sistema está condenado al fracaso, pero nadie puede imaginar cómo se puede reemplazar.

Ni una sola ideología alternativa (comunismo, nacionalismo) tiene una base económica seria, que debería haber madurado, y siempre ha madurado antes en el marco del sistema saliente. Incluso la concentración de las alturas dominantes de la economía en manos del Estado, que inspira a algunos filósofos sociales, no cambia la naturaleza del sistema y su necesidad de crecimiento avanzado. Es decir, el Estado es la misma corporación transnacional, sólo que más poderosa y poseedora de soberanía absoluta dentro de un determinado territorio.

Aún habrá una oportunidad de asegurar el crecimiento reformateando del sistema global estadounidense para que se ajuste a sus necesidades. Pero el desbordamiento de recursos dentro del sistema sólo puede posponer la crisis por su parte (no occidental); o más bien, hacerla menos dolorosa. En un par de décadas, todas las oportunidades para un mayor crecimiento se agotarán nuevamente, y si no se reforma el sistema (o no se encuentran formas alternativas de desarrollo), enfrentaremos una crisis sistémica aún más severa en condiciones de una base de recursos más baja.

El hecho de que Occidente ya no pueda salir de su crisis sistémica, no nos reconforta, ya que de esta manera se perderá incluso la posibilidad de mezclar fenómenos de crisis por el desborde (con pérdidas inevitables) de recursos dentro del sistema. El proletariado no se convirtió en el sepulturero del capitalismo, ya que esencialmente desapareció antes que el capitalismo (lo que tenemos hoy se diferencia del proletariado marxista, como el cielo de la tierra). Cualquier alternativa que exista hoy sólo conduce a una redistribución de recursos entre partes del sistema (diferentes Estados, diferentes grupos de élites o grupos sociales), sin eliminar la contradicción real entre la base de recursos limitada (finita), y la necesidad de un crecimiento avanzado sin fin. Hay que empezar a buscar la salida; no queda mucho tiempo.

EL ARTE DE LA DIPLOMACIA

En los últimos años, con la proliferación de las armas nucleares y las consecuencias de la destrucción del Planeta Tierra en caso de una guerra caliente, el tema de la guerra de la información se convirtió en un elemento clave de la guerra híbrida; y la guerra de propaganda, en uno de los campos de batalla favoritos. Esta guerra no trata de creencias, ni de ideales, ni de pensamientos; sino de instintos, hábitos y estereotipos.

En este sentido, desafortunadamente, pocos países están en el nivel adecuado de librar una lucha así. La Federación Rusa tampoco está preparada. La prioridad de la política exterior rusa sigue siendo evitar totalmente los conflictos y, si no son inevitables, se elige la estrategia del enfrentamiento más suave. Aquí, domina el término médico "no hacer daño", y si el daño es inevitable, entonces "no hacer daño más allá de lo inevitable". Es por ello que Estados Unidos tiene una ventaja desmesurada sobre el resto del mundo.

Cabe recordar que en Estados Unidos, el Departamento de Estado siempre ha existido como una especie de servicios de inteligencia. En momentos determinados incluso, realizaban este "trabajo" con fuentes de información abiertas, competencia que luego se la pasaron a la CIA. El Departamento de Estado de EE. UU., es un organismo único, al igual que la Fed. En ninguna parte del mundo hay una cosa así; ni siquiera en Gran Bretaña. Es el Departamento de Estado para la administración de las colonias de ultramar, incluso así se les llame "aliados".

El Departamento de Estado es fundamentalmente diferente al clásico Ministerio de Relaciones Exteriores, cuya función es precisamente el diálogo y la protección diplomática de la posición de su país en la arena internacional. El Departamento de Estado estadounidense no es un instrumento de defensa, es un instrumento de ataque y de agresión. Esta es la naturaleza del Estado estadounidense, y tal es su principal órgano de política exterior. Cabe recordar que antes de su partida, Condoleezza Rice emitió una directiva especial titulada: "Sobre las tareas del Departamento de Estado en la implementación de operaciones especiales de influencia política", donde se detallaron las funciones de cada empleado en la promoción de las revoluciones de color, y la penetración del poder blando de Estados Unidos en cada país en cuestión.

Ahora bien, después de los múltiples fracasos de la política blanda de la Federación de Rusia, se aspira que el Ministerio de Relaciones Exteriores de Rusia se convierta e en algo así como es el Departamento de Estado estadounidense. Sin embargo, esto es imposible, y no sólo porque Rusia no es Estados Unidos, sino porque en Rusia existe una división tecnológica de funciones donde la inteligencia y la diplomacia están separados; y el Ministerio de Relaciones Exteriores no es un organismo para reclutar agentes de influencia, y ni tampoco está incluído en el circuito de operaciones para infiltrarse en el espacio político interno de otro país.

En términos soviéticos, el Ministerio de Relaciones Exteriores no se dedica a la exportación de la revolución. Para trabajar con las masas en un país extranjero a través de los jefes de la élite local, la inteligencia debe primero trabajar y neutralizar la resistencia. Cuando esto no es posible, la Cancillería busca contactos con las élites, es decir, se trabaja con aristócratas.

Se trata de la sucesiva escuela diplomática rusa, transferida a la URSS desde la Rusia zarista y conservada en Rusia liberal de hoy. Puede poner a cualquier oficial de seguridad con sus habilidades específicas al frente del Ministerio de Relaciones Exteriores, pero es imposible transferir todo el aparato de inteligencia: los propios empleados del Ministerio de Relaciones Exteriores deben volverse diferentes, aprender a pensar de manera distinta, transformarse en otros. Deberían ser luchadores, y no como ahora, ¡Dios sabe que! El cuerpo diplomático en Rusia no está preparado para las tareas de exportar la revolución; no está preparado para eso, y Rusia no les fija esas tareas. Y las consecuencias están a la vista de todos.

Si el Ministerio de Relaciones Exteriores de Rusia comienza a realizar operaciones de influencia política, requerirá el apoyo adecuado que se reduce a las capacidades integrales del Estado para influir en las élites extranjeras. Esto requiere poder económico y militar para castigar a los desobedientes. Hasta ahora, incluso China no tiene tales capacidades. No debemos olvidar que hace sólo treinta años la URSS colapsó; y la Rusia de Yeltsin siguió por completo la corriente principal de la política estadounidense. Es decir, en los años 90, la política exterior rusa era la extensión de la política del Departamento de Estado en Washington. El Ministro de Asuntos Exteriores ruso de aquella época, Koziriev, hoy día vive en Miami en una lujosa mansión.

Ya es hora de darse cuenta que una política exterior activa es una amplia gama de influencias condicionadas por las capacidades del país. La política de Rusia es activa, pero esta no es la competencia del Ministerio de Relaciones Exteriores. Para que la Cancillería pueda desarrollarse, primero deben trabajar otros departamentos. El actual Ministerio de Relaciones Exteriores está esperando nuevos contornos de un mundo cambiante.

En Estados Unidos ha cambiado de Presidente, cuya política aún esta por definir. Los conflictos dentro de la OTAN están madurando y tomando forma; están surgiendo nuevos actores como Turquía, las relaciones entre los EE.UU. y Europa están cambiando. China busca apoyo en estas condiciones cambiantes. La nueva realidad sugiere que todos los países están luchando por un enfoque multi-vectorial, e incluso las superpotencias no pueden limitarlos en esto. Inclusive, los limítrofes soviéticos se permiten no obedecer a los Estados Unidos, a pesar de las "directivas" del Departamento de Estado durante la época de Condoleezza Rice, y la completa subor-dinación de las élites post-soviéticas a los dictados de Washington liberal- financista. La política exterior es un choque de la propia actividad con la actividad de los demás, y aquí es importante no encontrarse con un conflicto incontrolable.

Cambiar al Ministro de Asuntos Exteriores, Lavrov por algún otro candidato permitirá introducir una nueva corriente en el trabajo del Departamento, pero esto no debe sobre-estimarse. La Cancillería no sustituirá a la empresa nacional, el ejército y los servicios de inteligencia. Son ellos quienes crean la base para la influencia del Estado. La Cancillería solo ratifica lo que se ha propuesto por otros canales, y departamentos.

Y lo más importante que no puede hacer la Cancillería es un consenso de élite. Mientras exista un conflicto de intereses entre las élites y no haya una posición pactada, la Cancillería se ve obligada a ser pasiva y seguir el mínimo de optimalidad. Es decir, la actividad del Ministerio de Relaciones Exteriores es lo que el Estado logró a través de todos los canales de proyección de influencia. En este sentido, un cambio de gobierno y una reforma constitucional brindan órdenes de magnitud más claros para fortalecer la influencia de Rusia, que un cambio en la jefatura del Ministerio de Relaciones Exteriores. El Ministerio de Relaciones Exteriores es la punta del iceberg, mientras que toda influencia se basa en lo que está oculto a la vista.

Para activar la Cancillería, no sólo deben surgir amenazas externas sino también, pre-condiciones internas. Y estas, pre-condiciones internas, están absolutamente supeditados a la nueva ideología nacional a favor de la Patria, Estado-Nación, y nuestro Bien Común.

La discordia diplomática de la Union Europea

La debilidad de Europa es más evidente en sus relaciones con Rusia. Para fortalecer la Unión Europea, es necesario construir relaciones normales con Rusia; al menos establecer un diálogo estratégico y, como máximo (basado en los intereses europeos), establecer una asociación estratégica entre dos centros de poder. Pero esto es sólo posible si Europa realmente quiere ser un centro de poder independiente en el siglo XXI. Para seguir siendo un socio menor en el proyecto Atlántico no hace falta cambiar nada; y mantener la inestable situación actual en su frente oriental.

Sin embargo de ser así, se necesitaría olvidar no solo el papel significativo de una Europa unida en la construcción de un Nuevo Orden Mundial, sino también la continuación de la exitosa integración europea como tal; de hecho, poner fin al futuro de la Unión Europea. El enfrentamiento con Rusia no solo es una forma conveniente para que los atlantistas eviten la independencia y el fortalecimiento de la Unión Europea, sino también una causa constante de contradicciones dentro de la Unión Europea.

Pero ¡ojo! No son las diferencias de opinión sobre el tema ruso lo que va a llevar a la ruina a la Unión Europea. Precisamente, la ausencia de relaciones beneficiosas con Rusia es el ejemplo más convincente para los propios europeos, de que la política europea común nada tiene que ver con los intereses de los pueblos del continente. Si los alemanes, italianos, franceses y, en general, la inmensa mayoría de los europeos están a favor de unas relaciones normales con Rusia; y la élite europea no quiere o no puede construir tales relaciones a nivel de la Unión Europea, y es más, impide que los gobiernos nacionales europeas a favor del acercamiento se negocien con Rusia de manera individual independiente; entonces la pregunta elemental es ¿Para qué sirven, además de ser lacayos de EE.UU. y el Atlantismo?

Después de todo, la integración europea ya plantea muchas preguntas entre los pueblos europeos: algunos no están contentos con el hecho de que "todos se hayan vuelto económicamente dependientes de los alemanes"; a otros, no le gustan los "valores" morales y culturales impuestos; otros, están en contra de la invasión de los migrantes. Pero estos no son todos los problemas internos de la gran familia europea que se pueden atribuír a las dificultades de formación de la Unión Europea. Empero, si los residentes de la "Casa Europea" no pueden establecer relaciones de forma independiente con los residentes de la "Casa Rusa" vecina, entonces sea porque tal vez su casa no les pertenece realmente.

No se puede decir que las élites europeas no comprenden este problema; es cierto que la mayoría quiere romper el estancamiento de las relaciones con Rusia. Pero, habiendo caído en la trampa de Ucrania en 2014 (y los atlantistas necesitaban el violento giro de Ucrania hacia Occidente no solo en el marco del juego contra Rusia, sino también para enfrentarse a Rusia y Europa), la UE nunca fue capaz de reconducir la situación hacían un acercamiento con Rusia. Incluso, la retirada de Gran Bretaña –inequívocamente anti-rusa– de Europa, no ayudó en encauzar las relaciones, ni siquiera los llamamientos de los líderes franceses para repensar las relaciones con Rusia, ni tampoco la posición inflexible de Berlín sobre Nord Stream 2. Las relaciones con Rusia siguen minadas por el tema ucraniano, como plan diabólico de los Atlantistas.

La Unión Europea no puede anexarse a Ucrania (esto a ciencia cierta conduciría a un conflicto violento con Rusia), ni dejar a Ucrania destruida a su suerte por culpa de Europa. Tampoco estaría dispuesta a reconocerla como parte del mundo ruso, pero al mismo tiempo; jugar a la carta ucraniana es beneficioso... no para los alemanes ni para los franceses, sino para los anglosajones; quienes, al mismo tiempo, ven cómo los europeos llevan mucho tiempo intentando, si no neutralizar, entonces por lo menos congelar la "mina ucraniana", minimizando su impacto en sus relaciones con Rusia. Para que los Europeos no se hartaran del tema de la injerencia

rusa en los asuntos europeos, la demonización de Putin (el dictador, el "envenenador de los Skripals") y de Rusia en su conjunto, se
ha impulsado en paralelo durante todos estos años. Y en los últimos
meses, están tratando de introducir el factor Navalny en el juego
antieuropeo; y por eso abogan por imponer sanciones europeas
contra Rusia: primero por el escándalo del "envenenamiento"; y
ahora, por el "encarcelamiento ilegal".

Los líderes europeos son muy conscientes del propósito de esta
"trampa con Navalny": como en la historia de Ucrania, los europeos
tendrán que actuar como actores en una extraña obra anglosajona
sobre el tema de "aislar a Rusia". Incluso los atlantistas europeos
moderados realmente no quieren esto, no por amor a Rusia, sino
por razones completamente pragmáticas. Así lo demostró también
la visita a Moscú del jefe de la diplomacia europea, Josep Borrell, lo
que supuso el primer viaje de este nivel en cuatro años.

Sí, el Alto Representante de la Unión Europea para Asuntos
Exteriores y Política de Seguridad dijo que: "Definitivamente,
nuestras relaciones ahora son extremadamente tensas y la situación con Navalny es el punto más bajo"; y en respuesta se escuchó
de Sergei Lavrov: "Estamos construyendo nuestra vida basados en
el hecho de que la Unión Europea es un socio poco confiable".

Pero todo esto era predecible: Lavrov hace varios meses dijo
públicamente que Moscú estaba pensando en la conveniencia de
los contactos con quienes no quieren un diálogo igualitario, y sólo
presionan a Rusia, e incluso en la Unión Europea a veces se permiten una rusofobia abierta. Otra cosa es interesante. En vísperas del
viaje, Borrell publicó un artículo en Frankfurter Allgemeine titu-
lado: "Es hora de hablar con Rusia". La mayor parte del reportaje
está dedicada a desacuerdos y enumeraciones de cómo Rusia está
violando sus obligaciones. Pero todo esto es ritual y comprensible.
El punto principal, según Borrell, es otro:

"La Unión Europea y Rusia se ven como rivales, no como socios.
Al mismo tiempo, una vez soñamos con otra Europa. Necesitamos

hablar abiertamente, entre nosotros, no unos de otros. Necesitamos un diálogo abierto con Rusia sobre la situación de nuestras relaciones. Después de todo, este es precisamente el significado y el propósito de la diplomacia: negociar entre nosotros, transmitir mensajes, y tratar de encontrar un lenguaje común".

"La estabilidad en Europa debe basarse en la cooperación, el respeto de la integridad territorial y la soberanía de los Estados; así como en el respeto de los derechos humanos y las libertades fundamentales. Iniciar un diálogo no significa que simplemente pasemos al status quo. Es necesario encontrar áreas en las que exista un entendimiento mutuo para recuperar gradualmente la confianza".

Es decir, Borrell (quien llamó abiertamente a Rusia "un viejo enemigo" incluso antes de asumir el cargo de Alto Comisionado de la UE) explica el derecho de la Union Europea a hablar con Rusia. Nos preguntamos: ¿A quién le explica esto? A los anglosajones y atlantistas radicales europeos; es decir, aquellos que intentan detener cualquier movimiento de Europa hacia la independencia estratégica, −ni siquiera la independencia−, sino la autonomía. Cito a Borrell: "Llevaremos a cabo un diálogo" con Rusia. En la situación actual, esto es sólo un eufemismo para decir: "Nosotros mismos queremos determinar nuestro futuro". De hecho, esto es exactamente lo que Rusia está ofreciendo a Europa, como dijo Lavrov a Borrell:

"El principal problema que todos enfrentamos es la falta de normalidad en las relaciones entre Rusia y la Unión Europea, entre los dos actores más importantes del espacio euroasiático. Esta es una situación malsana que no beneficia a nadie. Las discusiones esporádicas sobre un tema internacional candente, o sobre temas de preocupaciones y quejas mutuas no pueden reemplazar un enfoque sistemático e integral de nuestras relaciones", dijo Lavrov. Este enfoque existía antes. Se incorporó a los mecanismos apropiados, pero luego fue derribado por la Unión Europea unilateralmente. Por lo tanto, la cuestión de la necesidad de una revisión detallada y honesta de la situación en las relaciones entre Rusia y la UE está madura y ya está demasiado madura", terminó diciendo el Canciller ruso

Moscú invita a Europa a no tener miedo de una conversación honesta sobre intereses estratégicos, franca e independiente. Pregunta: ¿Los actuales líderes europeos, tanto a nivel de la Unión Europea como, sobre todo, a nivel de los líderes de los Estados claves, Alemania y Francia; son capaces de sostener tal conversación?, Considerando que en los próximos quince meses ambos países atravesarán las campañas electorales más difíciles (y un cambio de líder, al menos en Alemania); Rusia puede esperar a que se estabilice la situación en los despachos de gobierno de Berlín y París. Pero si durante este tiempo Europa se debilita, no podrá culpar a nadie más que a su propio liderazgo, de su falta de visión en la política exterior.

LA DIPLOMACIA COERCIVA

Viendo el desenlace de la visita fallida de Josep Borrell a Moscú, me hago una pregunta sencilla: ¿Por qué Europa no puede deshacerse de la rusofobia? La respuesta, también es sencilla: Porque la rusofobia es una característica típica de los principios populares de la civilización occidental. La geografía y la cultura unieron a Europa y Rusia en un todo. Necesitamos ser económicamente fuertes y culturalmente independientes, saber preservar los valores tradicionales a fin de repeler los ataques de los gigantes digitales internacionales que imponen sus propias reglas y regulaciones a las naciones soberanas. Esto redunda en interés de los Estados europeos, uno de los garantes de cuya soberanía puede ser Rusia.

Es imposible no identificarse con este modelo denigrante que asigna a Rusia un papel oficial en su relación con Europa. Hemos analizado repetidamente las cuestiones de las relaciones entre Rusia y Europa. El principal problema: Europa no nos reconoce a los rusos como europeos. Además, la cultura europea nunca ha sido la cultura del pueblo ruso, y los otros pueblos de Rusia. Solo la clase alta, la élite de la sociedad rusa, estaba infectada con la cultura europea, francesa, inglesa o alemana. Por ejemplo, hasta la edad de diez años, el famoso escritor Vladimir Nabokov solamente hablaba inglés; Pushkin, el poeta más grande de la historia rusa, dominaba francés igual que Leo Tolstoi. En el siglo XVlll, la sociedad rusa se dividió en dos: los europeos rusos, y la gente común rusa.

Inclusive después que la nobleza y la aristocracia se probaron los trajes europeos hasta el punto que el francés se convirtió en la lengua materna de la Rusia zarista; Europa no percibió a Rusia como una igual. Un ejemplo sencillo: en 1814 Rusia liberó a Europa de Napoleón. Inmediatamente, Inglaterra y Austria concluyeron una alianza con Francia contra Rusia, aunque fueron ellos los principales beneficiarios de la victoria rusa contra Napoleón.

A lo largo de todo el siglo XIX, Rusia sirvió a los intereses de Europa pero Europa siguió considerando a Rusia como "un país asiático salvaje y bárbaro…". El deseo de Rusia de defender sus intereses nacionales siempre se ha encontrado con la oposición de las potencias europeas, lo que resultó primero en la Guerra de Crimea de 1853 y, veinte años después en el Congreso de Berlín. La unidad geográfica es una carga pesada: no hay una frontera clara bien delineada entre la separación de la Península Europea del continente de Eurasia. Dibujarlo por los Urales, es decir la separación geográfica natural entre Europa y Asia es artificial, y refleja únicamente los planes expansionistas de la civilización occidental.

Se me ocurre otra pregunta: ¿Los propios países europeos quieren defender hoy su soberanía en un mundo monopolar? El único país de Europa occidental que tiene algún recuerdo de su antigua grandeza es Francia; y aún élla, a la primera oportunidad, intenta demostrar su lealtad a Estados Unidos pateando a Rusia. El Presidente Macron lo exhibe claramente, exigiendo detener Nord Stream 2 debido a los "derechos humanos" del opositor ruso Navalny.

Está absolutamente demostrado que hoy en día, Europa es incapaz de convertirse en un nuevo centro de poder, y oponerse a Estados Unidos. Para independizarse más de Estados Unidos, la Unión Europea preferirá cooperar con la República Popular China que con la Federación de Rusia. Se puede hablar con mayor optimismo sobre la posibilidad de cooperación con los países de Europa del Este, principalmente con los Estados eslavos. Aquí hay una unidad de valores civilizatorios, que, sin embargo, están fuertemente oscurecidos por el liberalismo europeo, pero esos valores aún no han sido completamente destruidos, y los países eslavos, así como la Hungría, se encargan de demostrarlo de vez en cuando.

La soberanía de los países europeos resulta interesante para Rusia sólo desde este objetivo: que no colapsen, y la Unión Europea no se convierta en una «Europa de regiones», ya que esto conduciría al surgimiento de un Estado centralizado fuerte, que se sentiría como un centro de poder. Pero, ese Estado no se opondrá a Estados Unidos, sino que se abalanzará sobre Rusia junto con Estados Unidos. Para evitar que esto suceda, Rusia debe cooperar pero solo en forma bilateral con los antiguos países europeos, ignorando a Bruselas.

No intentemos reformatear Europa con valores tradicionales siguiendo a los eslavófilos: Europa no quiere esto, porque sabe mejor que los rusos que nuestros valores de civilización son diferentes. Las expectativas de que Europa concluirá una alianza igualitaria con Rusia contra Estados Unidos son un auto-engaño, y una utopía, aunque la élite rusa compradora pro-occidental duerma, y sueñe en cómo hacer las paces con Occidente.

Seamos sinceros, Europa sigue la estela de Estados Unidos y continuará haciéndolo, a pesar de sus "quejas seniles", que por alguna razón tomamos como signos de una "revolución anti-americana" que comienza en Europa. Europa necesita a un Charles De Gaulle con mano de hierro para imponer su independencia, para diseñar su propio camino en vez de un payaso de circo como Johnson, o como un Macron con graves problemas sin solucionar desde la niñez; o un pusilánime transvesti de algún micro-Estado europeo tipo Luxemburgo, exigiendo a Rusia que cumpla con los derechos humanos de los pedófilos, impuestos por los degenerados y pervertidos de Europa. En definitiva, si Europa quiere tener relevancia en un mundo cambiante, tiene que convertirse en uno de los pilares del mundo, en vez de ser una de las columnas del templo europeo.

Movimiento Sinarquista del Imperio

El fascismo moderno, como el existente en Italia y Alemania desde la década de 1920, era en realidad una expresión de una forma anterior de la dictadura imperial que data de antes de la Revolución Francesa de 1789; y de las guerras napoleónicas. Se llama Sinarquía. El movimiento sinarquista creó a Mussolini, a Hitler y a casi todos los dictadores europeos del siglo XX; además de contar con la poderosa presencia en los principales círculos monárquicos británicos, antes y después de la Segunda Guerra Mundial. Sinarquistas británicos, españoles, estadounidenses, franceses, italianos y alemánes estaban comprometidos con la idea de que su imperio iba a sobrevivir cualquiera que fuera el resultado de la Segunda Guerra Mundial. Poco han cambiado desde entonces. Los sinarquistas modernos con el FMI, BM, BCE, la Reserva Federal, la WEF como fachada de proyecto; y sus propios titeres como Macron, Lagarde, Johnson, Mario Draghi, Soros, Biden, Duque, Piñera, Bolsonaro y otros, están siguiendo los dictados de la politica sinarquista.

La organización llamada Movimiento Sinarquista del Imperio, fue fundada justamente detrás y como secuela de la Primera Guerra Mundial, y el Tratado de Versalles. El propósito del movimiento sinarquista fue el establecimiento del fascismo universal en el Occidente, y en particular en toda Europa occidental, incluyendo las Islas Británicas y Estados Unidos. La idea era que las guerras son un instrumento importante e indispensable del Imperio, y era importante establecer una organización internacional que podía garantizar la guerra sin importar quién ganara o perdiera; y que esa organización internacional de los banqueros e industrialistas, pudiera sobrevivir y prosperar a pesar de todos los avatares.

Como resultado de la aparición del movimiento sinarquista en 1920 se puede decir con certeza que todos los movimientos fascistas y nazis en Occidente que existieron desde entonces y continuaron hasta los años 30 provocando la Segunda Guerra Mundial, fueron provocados por los sinarquistas internacionales. Resulta que la sinarquía vinculada con la revolución francesa jacobina que después se convirtió en la dictadura napoleónica, –primera dictadura fascista moderna–, fue un importante componente ocultista. Y este componente ocultista fue reanimado en el siglo XIX por Saint-Yves d'Alveidre.

La meta explícita de Saint-Yves fue el reemplazo de los existentes Estados-naciones de Europa con Ministros tecnócratas que servían al Papa Emperador, quien gobernaría el mundo con el sacerdocio oligarca de los *iniciados*, de martinistas, y francmasones quienes controlarían la manada del ganado humano, igual que los antiguos perros pastores dirigían las manadas. Los objetivos reales de Saint-Yves que fueron explícitamente engastados en el Preámbulo de la Revolución Norteamericana, fueron la eliminación de los principios de soberanía, bienestar general, y el compromiso de asegurar la continuidad de las futuras generaciones.

Además, la cosa inherente del movimiento de sinarquistas siempre fue el odio profundo a Rusia. Había una afinidad natural histórica entre Estados Unidos desde los tiempos de la Revolución estadounidense y la Rusia de los zares. Recordemos a Catalina la Grande que formó la Liga de la Neutralidad Armada que fue validada para la victoria americana en la guerra revolucionaria estadounidense; y durante la guerra civil cuando hubo una insurrección británico-francesa para romper la unión, mediante el patrocinio de la confederación de esclavos. Así fue el zar Alejandro II, quien envió la Armada rusa entera a los EE.UU., para apoyar al presidente Abraham Lincoln, y para prevenir a Gran Bretaña y a otros poderes europeos entrar en la guerra del lado de la Confederación, o como citó: "de corredores del arreglo pacífico" que dejaría a la Unión destruida.

No hay que olvidar el papel que desempeñó la sinarquía en la ocupación de Francia durante la Segunda Guerra Mundial. El movimiento sinárquico fue una quinta columna vital a favor de los nazis. En los años 30, hubo tres intentos fallidos de golpe llevados a cabo por los operadores de la sinarquía; y financiados y promovidos por el Banco Worms, y por los intereses bancarios de Lázard, el ala bancaria vinculada con los Rothschild. Y fue a causa de esos golpes militares fallidos que la sinarquía decidió que la única manera de la que podían apoderarse de Francia era facilitando desde el interior, la invasión nazi y la ocupación. O sea, que fueron las facciones pro-nazis dentro de Francia, las que marcaron el camino para la invasión alemana-nazi en Francia y la ocupación alemana. La línea Maginan, las famosas defensas francesas fueron saboteadas no por el *blitzkrieg* nazi, sino desde adentro por los elementos militares franceses que eran parte de la sinarquía.

En lo que se refiere al dominio en política, la Izquierda y la Derecha fueron inventadas para crear fascismo. Debido a su vínculo romántico con la marsellesa sangrienta, y su rechazo obstinado en establecer una auténtica república constitucional, en 1789 el pueblo francés finalmente adoptó la democracia parlamentaria llamada Tercera República en 1875, que estuvo totalmente bajo control y bailó al son que le tocó el sistema de la banca privada, realmente controlada clandestinamente por la oligarquía martinista-sinarquista. En 1940 con la invasión de Francia por Hitler, la totalidad del pueblo francés, sus militares, su gobierno y otras instituciones rechazaron la Tercera República, y adoptaron la dictadura fascista que fue conocida como el régimen de Vichy.

Sin embargo, hubo otra meta oculta para mantener vivo este sistema político artificial de la Izquierda y la Derecha. La división de René Descártes de la Izquierda y la Derecha fue usada para perfilar los grupos políticos que el orden de martinistas de Lyon estableció durante la Revolución Francesa bajo el lema de "Liberté, Egalité, Fraternité", lo que constituyó el Liberalismo (la derecha), Comunismo (la izquierda) y Martinismo (la derecha y la izquierda); o como el conde Richard Coudenhove-Kalergi, Habsburgo, importante figura de los sinarquistas, más tarde dijo: "Capitalismo, comunismo, fascismo. Estas categorías de Descártes fueron establecidas para el propósito explícito de erradicación del poder de la razón del mapa político de Europa".

No podríamos hablar de sinarquismo sin hablar del papel vital de los grandes industrialistas y financistas estadounidenses. Por ejemplo, la empresa de corretaje DillonRead, y la empresa de abogados de Wall Street, Sullivan & Cromwell eran partes integrantes de la sinarquía, y protegían los asuntos de los banqueros alemanes y los industriales para evitar ser confiscados al final de la Guerra. Es decir, una parte importante de Wall Street, la mayor parte de las grandes corporaciones estadounidenses especialmente las compañías petrolíferas, los cárteles de acero, eran todas, una parte integral del complot de la sinarquía.

¿Ha habido alguna erosión en el poder entre esa gente de Wall Street desde el período de post-guerra hasta ahora? La respuesta es no. La sinarquía es un factor dominante en el poder europeo-estadounidense hasta el mismo día de hoy. Y han cambiado los nombres, los logos de las empresas han cambiado, pero la estructura fundamental del poder instaurada en el periodo post-Versalles, ha quedado esencialmente intacta. Su meta también ha permanecido intacta: poner el poder del sistema a disposición de los financistas, y colocarlo por encima del control de las naciones soberanas.

Es hora de darse cuenta que aún hoy, estamos viviendo bajo la tiranía del fascismo universal, pero que en terminología más precisa es la sinarquía, que es un plan oligárquico internacional que involucra a financistas, industriales y tecnócratas infiltrados entre diversos Gobiernos alrededor del mundo. En este momento nos enfrentamos a un desafío único, y también a una oportunidad única. El poder de la sinarquía alcanza con frecuencia puntos de inflexión en los que se hace altamente vulnerable, porque ellos han creado una burbuja financiera que es imposible de mantener.

En el momento que esa burbuja estalle, si contamos con políticas o líderes políticos alternativos, que comprendan la naturaleza de la sinarquía enemiga, entonces la sinarquía podrá ser derrotada de forma contundente. Estamos en un punto crucial y de inflexión, con colapso financiero y en peligro de una guerra mundial, pero también es verdad que la posibilidad de una derrota fundamental de la sinarquía, están sobre la mesa.

La acción de los intereses liberales anglo-holandeses es hoy, llevar a cabo las mismas intenciónes —un Estado inducido de forma abúcolica de imbecilidad económica, en las Américas y en todo el continente europeo. Ese es el propósito imperial del libera-lismo anglo-holandés del imperialismo financiero neo-veneciano y oligárquico. Ese es el significado del "mundo-unipolar", de la Torre de Babel llamada "globalización"; y de la puesta en marcha del régimen financista globalista parasitario de Joe Biden como del instrumento para lograrla, la auto-destrucción de EE.UU. Es un choque entre dos sistemas sociales opuestos; el de la forma liberal anglo-holandesa de uni-mperio-mundial, y el de las repúblicas soberanas Estado-nacional. ¿Cuál sistema les gusta más a ustedes?

Latinoamerica como un nuevo eje post-crisis: alimentación

En los próximos episodios me gustaría analizar el papel de Latinoamerica, como proyecto global post crisis. Vivimos la útlima etapa de Westfalia y del Estado-nación. El colapso del mundo en pan-regiones se está volviendo cada vez más evidente, mientras que Latinoamérica surge como uno de los centros potenciales para un proyecto global del futuro. Por algún tiempo pareció que Brasil, como el Estado más grande y de mayor poderío economico era el indicado, y que desempeñaría un papel fundamental en la formación de una nueva macroregión iberoamericana, pero la realidad actual no coincide con estas expectativas.

Lo cierto es que, Latinoamerica —aunque podría parecer lo contrario— está viviendo un renacer que la podría convertir en uno de los dos pilares del Nuevo Mundo policéntrico. Su unidad y su diversidad hacen de Latinoamericana, una región única. Por un lado; la integración del idioma, la religión y la historia común; y por el otro, muchos elementos de culturas americanas nativas, y la constante búsqueda de identidad etno-cultural. Inclusive al compararlas con las culturas del mundo árabe similares en varios sentidos —la inmensa área y la abundante población—, sin embargo, Latinoamérica se caracterizan por tener un nivel menor de estrés interno.

Desde los tiempos de Simón Bolívar, Latinoamérica ha gravitado hacia una comunidad de pueblos, hacia una síntesis mestiza (conceptos que se oponen a los del crisol y el multi-culturalismo), a la unificación con el espíritu de la libertad. Así es, como Latinoamérica llegará a ser el prototipo de la unificación de la Humanidad entera.

Sin duda alguna, el elemento principal del resurgir del continente latinoamericano va a ser su capacidad tecnológica e industrial. Aquí no necesitamos empezar de cero, sino que podemos usar los ejemplos de buenas prácticas del pasado para poner este proyecto en marcha. En Estados Unidos del siglo XIX, por ejemplo; Abraham Lincoln fue el verdadero arquitecto de los Estados Unidos industrial. Fue el Presidente Abraham Lincoln quien firmó el Proyecto de ley que autorizó el ferrocarril transcontinental.

Y fueron los ferrocarriles de Lincoln también los que permitieron la transformación de los Estados de las Grandes Llanuras al oeste del río Misisipi en los gigantes agrícolas que llegaron a ser. Unos ciento sesenta años más tarde, este mismo principio integrador puede ser aplicable al corazón de Sudamérica. Por ejemplo, hay dos áreas principales de tierra cultivable sub-utilizadas, en las que se podría generar un aumento importante de la producción alimentaria: Los Llanos de Colombia y Venezuela, y el Cerrado de Brasil. En medio de estas dos zonas se encuentra la selva de Amazonas.

Los Llanos de Colombia y Venezuela es una de las zonas más fértiles de la región, un tramo de tierra de unos cincuenta millones de hectáreas en la cuenca del río Orinoco, en donde una infraestructura adecuada de ferrocarriles y administración hidráulica permitiría la producción de unos sesenta millones de toneladas de granos al año. La zona colombiana de esta región, constituye 27% del territorio nacional colombiano, pero únicamente alberga 3% de su población total; es decir, menos de dos millones de habitantes. En esta región hay pocas carreteras y ningún ferrocarril. Lo que sí hay es narcotrafico vinculado con los grupos armados; de hecho es uno de sus epicentros.

Para combatir el narcoterrorismo con eficacia, el continente debe encontrar la manera de producir suficientes alimentos; generar un excedente exportable, e integrar físicamente a las distintas regiones geográficas por medio de corredores de ferrocarril y de agua. En 2008, los presidentes Hugo Chávez de Venezuela y Álvaro Uribe de Colombia, estuvieron de acuerdo en que, a través de la navegación de los ríos de la Cuenca del Orinoco; en particular del

Orinoco, y del Meta; y con corredores ferroviarios, sería posible transportar en Los Llanos de Colombia y Venezuela por lo menos sesenta millones de toneladas de granos cultivados al año. El objetivo de duplicar la producción alimentaria mundial, y eliminar el hambre de la faz de la Tierra podría lograrse en esta región. Hoy, con la hambruna planetaria en pleno auge, este proyecto se hace más importante que nunca.

En 2008, en medio de una crisis sistémica económica mundial, el entonces Presidente Álvaro Uribe, aceptó la propuesta del Presidente venezolano Hugo Chávez de integrar a ambos países por medio de la línea férrea colombianavenezolana. Consistiría en dos ramas principales; una, que bajaría de Panamá y correría a lo largo de la costa del Caribe, desde Cartagena en Colombia hasta la ciudad de Maracaibo en Venezuela. La otra, empezaría en Venezuela y pasaría por la ciudad fronteriza de Aráuca, y cruzaría las provincias colombianas antes de ingresar a Ecuador.

La gran cantidad de alimentos que se produciría en Los Llanos de Colombia y Venezuela podrían transportarse a través de corredores ferroviarios, y de los corredores fluviales del Orinoco y del Meta. Esto permitiría aprovechar el vasto potencial agrícola de la región de la Cuenca del Orinoco, que actualmente se desperdicia debido a que enormes extensiones de tierra se usan para la ganadería masiva. En lugar de eso, la producción cárnica debería adoptar la práctica de la crianza intensiva dentro de áreas cercadas. Con la combinación de los enlaces ferroviarios, pluviales y de caminos carreteros, habría una eficiente red de transporte inter-modal para productos y pasajeros, todo el año.

En otras palabras, ha llegado el momento de aceptar por fin las recomendaciones que David Ely Lilienthal le hizo en 1954, al entonces Presidente de la República de Colombia, General Gustavo Rojas Pinilla: "Ponga en marcha un plan de proyectos de infraestructura"; le dijo Lilienthal al General Rojas Pinilla. Y ojo, la infraestructura no es lo mismo que el dinero físico.

Existe la creencia errónea de que el dinero expresa cierto valor físico intrínseco. El valor se expresa, no como una cantidad *per se*, sino sólo como los efectos relativos del aumento o de la disminución del potencial físico del individuo en una sociedad en relación con su densidad de población. El valor del dinero no radica en el intercambio individual, sino en la unidad funcional, conocida como dinámica unificadora, del proceso social de una nación.

Pero, ¿Qué afecta al desarrollo del planeta? Lo afecta la mente humana. Es así como se mide la humanidad. Lo que nos distingue de los animales es nuestra capacidad de descubrir principios físicos universales, lo que aumenta y mejora el poder del hombre sobre la naturaleza por kilómetro cuadrado de superficie. Esto nos permite innovar lo que posteriormente mejora la vida de las personas. El desarrollo de la humanidad, el desarrollo del poder de las personas y de las naciones, se basa en los avances científicos, en los descubrimientos científicos y en el progreso tecnológico.

Al reducir la productividad mediante la reducción de la infraestructura, y reducir los inventos y la tecnología, estamos provocando un colapso de la población. Y si se tiene a la gente idiotizada, y si se impide que la población sea demasiado numerosa, la minoría puede facilmente controlarla.

La crisis monetaria actual es un reflejo de la locura que conlleva un proceso de destrucción de la economía física. La razón por la que se está produciendo un colapso no es la fluctuación de los mercados financieros. El problema financiero es que estamos en modalidad hiper-inflacionaria; es decir, si tomamos la cantidad total de dinero que, según se dice, está en circulación y calculamos el porcentaje de ese dinero que corresponde a la realidad física, veremos que se reduce a casi cero. ¡Pero eso no es la crisis! La crisis es la producción física *per cápita*. Y los recursos de los que depende esta producción, se han desplomado.

Por ejemplo, el gobierno del Presidente Franklin D. Roosevelt construyó más de 45,000 proyectos de infraestructura: presas, diques, túneles, carreteras, vías férreas, acueductos, hospitales, plantas hidroeléctricas, distritos de irrigación. Con estas obras, Roosevelt no sólo superó la Gran Depresión de los años treinta, sino que transformó el país al nivel de la economía física productiva mejorando la vida de los estadounidenses por km2 de espacio contra la naturaleza.

Repito, el futuro de la humanidad tiene que ver con la economía física, con las transformaciones físicas del mundo que nos rodea. Por ejemplo, imagínense que tomamos un montón de tierra rica en mineral de hierro y refinamos ese mineral para obtener hierro; después utilizamos ese hierro para producir acero, y utilizamos el acero para hacer máquinas y herramientas que permitan fabricar todo tipo de cosas, como automóviles, trenes, transbordadores espaciales, reactores nucleares. A cada paso del camino, la transformación que obtengamos posee un valor mayor para la sociedad, vale más en términos físicos que lo que se puso en ella. El resultado es superior a la suma de lo que se ha aportado para obtenerlo.

Cuando construímos una infraestructura, estamos en realidad reorganizando el espacio-tiempo físico de la biosfera, permitiéndole alcanzar niveles cada vez más altos de densidad energía-flujo.

Por lo tanto, si tenemos un sistema en el que cada vez elevamos las densidades energía-flujo, como cuando pasamos de una economía basada en el carbón a una economía basada en el petróleo y, después, a una economía basada en la energía nuclear, aumentamos la capacidad productiva de la mano de obra humana a cada paso del camino. Y esta es la forma con la cual se crea la riqueza real; esto es, cuando la gente hace cosas productivas. Ahora bien, el dinero solo aparece para facilitar el comercio entre esas personas. El dinero no posee poderes mágicos ni valor intrínseco.

En nuestro siguiente reportaje hablaremos de la visión, de los sueños de Simón Bolívar, y de la economía productiva con la unión de Colombia y Venezuela.

Simón Bolívar y su sueño del futuro

Cuando comentábamos sobre el futuro proyecto latinoamericano, explicamos por qué el desarrollo; y sobre todo el desarrollo tecnológico e industrial, y el desarrollo de la infraestructura era vital para cualquier proyecto civilizatorio. En este sentido, la visión de El Libertador, Simón Bolívar nos podría servir de ejemplo ilustrativo.

El General Simón Bolívar obtuvo una victoria sobre la opresión colonial de España, y de esta manera abrió las puertas a la independencia política y a la libertad de las Naciones. Ahora llegó el momento de la Segunda Liberación para toda Sudamérica.

Las armas de esta Liberación no serán espadas ni cañones; y el precio de la victoria no se cobrará con la sangre de los colombianos o de los venezolanos derramada en el campo de batalla por la Patria Grande. Esta vez, las armas de la Liberación serán nuevas carreteras y vías férreas; electrificación; presas para irrigación, control de inundaciones y energía eléctrica; escuelas, universidades y hospitales nuevos; métodos mejorados para la ganadería, el cultivo del café.

La misión hoy en día es una transformación de Colombia y Venezuela en potencias agrícolas e industriales, armadas de la infraestructura más moderna. Sólo de esta manera se lograría por fín la unificación de los colombianos y de los venezolanos en un Proyecto común civilizatorio, algo que el Imperio británico y el Estado Profundo liberal-banquero-financista necesita impedir a como de lugar.

Repito. El desarrollo, la industria, la tecnología, la infrestructura, son las armas de la nueva reconquista de Latinoamérica. Y el elemento principal de esta lucha no son las armas sino la mente humana. Es así como se mide la humanidad. Quiero repetir lo que he dicho muchas veces: no somos animales por mucho que las élites, el Imperio y el Estado Profundo nos traten como si lo fuéramos. Lo que nos distingue de los animales es nuestra capacidad de descubrir principios físicos universals que es lo que aumenta y mejora el poder del hombre sobre la naturaleza por kilómetro cuadrado de superficie. Ello nos permitirá innovar; lo que posteriormente mejora la vida −no de algunos ricos privilegiados−, sino de todas las personas. El desarrollo de la humanidad, el desarrollo del poder de la persona, y el desarrollo de la Nación se basa en los avances científicos, en los descubrimientos científicos, y en el progreso tecnológico.

La fundación de un programa así puede, por sí mismo, servir como un centro alrededor del cual la gente se una y se mantenga vinculada a pesar de sus diferencias económicas, políticas o culturales. Con tanto trabajo constructivo y creativo por hacer; y con tantas mejoras en juego para todos, un programa de esta envergadura podría ayudar a unir a las dos naciones en la esencia de ciertas tareas concretas que necesitan realizarse.

Si un futuro presidente de Colombia, no un presidente de Colombia cuyo *modus operandi* es copia y pega de los proyectos esclavizadores del FMI, sino un presidente patriota, visionario y valiente adoptara el Programa de infraestructura y mejora por km2 de espacio contra la naturaleza sugerido por David Lilienthal al Presidente Rojas Pinilla, la base para una paz duradera podría fundarse en los empleos estables y bien pagados para todos los colombianos y venezolanos en edad de trabajar. Que nadie tenga duda de que estamos en medio de una Guerra. Y esta Guerra tiene que ganarse, la guerra contra el hambre, la Guerra contra el desempleo, la guerra contra la desesperación, la Guerra contra la des-humanización.

Y el primer paso de la Reconquista es construír una nueva infraestructura. Y esa es quizá su principal ventaja: las poblaciones se ponen en contacto. Se une fuerzas. Se cra empleo productive. Eso hace más que civilizar, educa.

Además, la nueva infraestructura, y una red ferroviaria sentarían las bases para la apertura de El Cerrado, una región brasileña sumamente fértil que podría producir unos doscientos setenta millones de toneladas de granos al año. Sumamos a esto los sesenta millones de toneladas de granos de Los Llanos de Colombia y de Venezuela... tendríames suficientes granos para dar de comer al continente entero en la época de hambruna planetaria que se nos viene encima. Doscientos setenta millones de toleladas de granos equivalen a 40% del suministro mundial. Y lo tienen dos regiones de Latinoamérica: el Cerrado de Brasil, y los Llanos de Colombia y Venezuela. Si a esto, sumamos la Patagonia Argentina, no hay duda de que Latinoamérica se convertiría en una región absolutamente autosuficiente en alimentación en el mundo post-crisis.

Ahora bien, los granos necesitan agua. Los futuros mega-proyectos de transferencia de aguas, de los que vamos hablar en próximos reportajes, desempeñarán un papel importante en el nexo aguaalimentoenergía y, por lo tanto, este enfoque podría facilitar la resolución de algunos de los procesos de aprobación relacionados con la ejecución de proyectos, y las dimensiones que se esperan de ellos.

Pero para lograr la autonomía alimentaria, tecnológica, e industrial, es absolutamente necesario construír corredores ferroviarios de alta velocidad para llevar los ingresos de capital a las regiones agrícolas, para transportar el producto al Mercado, y para proveer la columna vertebral general de la infraestructura para el desarrollo industrial al interior del continente.

Sudamérica debería hacer hoy lo que hizo Estados Unidos en el siglo XIX bajo el mandato de Abraham Lincoln. Se requiere la perspectiva del patriota peruano Manuel Pardo, quien como Presidente del Perú (1872 a 1876), de acuerdo con las redes ferroviarias de Abraham Lincoln en Estados Unidos, anunció un importante proyecto ferroviario nacional que incluía el cruce de los Andes.

Sus enemigos le pusieron al Proyecto el nombre sarcástico de "el Tren a la Luna", pero Manuel Pardo de manera visionaria, ya sabía en 1860 el enorme papel que desempeñaría la infraestructura ferroviaria. Pardo sentenció elocuentemente con esta reflexión: "Unir las tres líneas centrales a través de una cuarta, y ver si en diez años no ha ocurrido una revolución en Perú, una revolución tanto física como moral porque la locomotora, que cambia como por arte de magia el rostro del país que atraviesa, también civiliza. Todas las escuelas primarias de Perú no podrían enseñar en un siglo lo que la locomotora podría enseñar en diez años".

Tal vez parezca difícil de entender, las tácticas de la élite, pero es explicable fácilmente. Hoy en día, hay cerca de ocho mil millones de personas distribuidas de forma irregular en la Tierra, un pequeño planeta con recursos naturales limitados y una base de población que se expande de forma permanente. Los alimentos y el agua son cada vez más escasos. Para que la élite pueda alimentarse, a nosotros nos tienen que sacrificar, subyugar y forzarnos a morir.

Proyecto Latinoamericano: financiación, infraestructura y el desarrollo

En capítulos anteriores, empezamos a analizar el Nuevo Proyecto Latinoamericano post-crisis. En el segmento de hoy, me gustaría profundizar en cómo se podrían financiar los grandes proyectos de infraestructura y del desarrollo de esta prometedora región latinoamericana.

Primero: se debe establecer algún fondo nacional importante de infraestructura con autorización para emitir bonos. Este fue el modelo financiero que utilizó el Presidente estadounidense Dwight Eisenhower, para financiar la construcción del gran sistema carretero de Estados Unidos. Además de este concepto de Presupuesto de Capital, una parte de las reservas extranjeras de los países latinoamericanos debería canalizarse hacia el fondo para financiar infraestructura. Esta es precisamente la idea que ha sustentado el Banco del Sur: crear un instrumento financiero, y que una parte de sus reservas sean designadas para el financiamiento de grandes proyectos, en lugar de permitir que nuestro dinero se mantenga improductivo en bancos extranjeros que usan los fondos, pero no los prestan a sus depositantes cuando los necesitan.

El Banco del Sur no es solamente una operación regional, sino el principio de una nueva arquitectura financiera internacional. En los primeros años de la República de Estados Unidos, Alexander Hamilton, Primer Secretario del Tesoro, emitió dinero que fue usado como crédito para financiar el desarrollo de (industrialización) y promoción de las grandes obras de infraestructura.

Esta es la manera como se genera la auténtica riqueza: el proceso de producción. En lugar de pedir prestado dinero a los oligarcas, creas recursos propios como Nación soberana, y los usas para escapar de las muletas de la oligarquía.

Los créditos y deudas se coordinaban de acuerdo con los ciclos de producción para sufragar el tiempo de pago hasta que ambas partes tuvieran suficiente crédito para saldar sus deudas. Esto permitía que la generación de excedentes productivos fuera absorbida en el crecimiento futuro y la inversión productiva. El Banco intervenía de forma directa en la economía, pero no lo hacía guardando valores inflados, sino ayudando con capital a la economía productiva, o a los proyectos de infraestructura necesarios para así mantener la capacidad productiva excedente.

Los canales más grandes, los nuevos ferrocarriles y las industrias fueron posibles gracias al crédito federal, y a los préstamos directos, y otras funciones indirectas del Banco. El Presidente Adams usó la reserva de la Nación en el Banco para financiar proyectos de gran envergadura y, vía el Segundo Banco de Estados Unidos prestó y suscribió de manera directa casi el 50% de todo el capital reunido para construir los canales más extensos; lo cual hizo posible el transporte del carbón para la industria del hierro.

Otro ejemplo clave fue el trabajo realizado por la Corporación de Reconstrucción Financiera (CRF) del Presidente Roosevelt. Cuando Franklin Delano Roosevelt entró a la Casa Blanca en marzo de 1933, el sistema bancario estaba cerca del colapso, y el desempleo había llegado al 25%. En 1932, se fundó la Corporación de Reconstrucción Financiera (CRF), y se proveyeron facilidades financieras de emergencia como respuesta a la Gran Depresión, y al desempleo masivo.

El crédito de la Corporación de Reconstrucción Financiera (CRF) compensó los ciclos económicos del sector financiero privado. La CRF operaba de forma independiente de las autorizaciones y apropiaciones del presupuesto Federal, y pedía prestado del Tesoro de Estados Unidos de acuerdo con límites establecidos por el Congreso. Todos los préstamos otorgados a través de la CRF en calidad de préstamos y no como apropiaciones, fueron repagados y, de esa manera, no solo proveyeron una ganancia financiera para el Tesoro sino, aún más importante, provocaron un incremento de productividad en el país en general, (no mesurable en dólares), sin mencionar las ganancias en ahorro de capital humano y productive, que se habrían perdido si no se hubieran otorgado los préstamos.

Bajo el mandato de Franklin Roosevelt, la CRF fue la encarnación del crédito directo y operó casi exactamente como lo habían hecho los Bancos de Estados Unidos bajo las órdenes de Alexander Hamilton; ya que aumentó de manera general el crédito directo e indirecto a largo plazo en la economía, y otorgó préstamos directos bajo términos no restrictivos.

Proyecto Latinoamericano:
las inversiones

Ahora, me gustaría hablar sobre los acuerdos internacionales de crédito para el desarrollo tecnológico e industrial de las naciones en vía de desarrollo.

El surgimiento de dos nuevos bancos multilaterales de desarrollo para infraestructura, el Asian Infrastructure Investment Bank dirigido por China, y respaldado por una membresía de accionistas fundadores de 57 países; y el Nuevo Banco de Desarrollo operado con bases igualitarias entre los países del grupo BRICS, ha abierto la oportunidad de generar convergencia. La arquitectura de la gobernanza global existente sólo podría mantenerse a través de la inclusión de economías emergentes, ya que las economías avanzadas necesitan involucrarse con las nuevas instituciones establecidas por sus contrapartes emergentes.

Sin duda, los grandes poderes económicos europeos liderados por Alemania pueden fácilmente participar en la expansión de estos bancos hacia los billones equivalentes en dólares o euros, de los nuevos créditos de infraestructura que en verdad se requieren de inmediato. ¿Cuáles proyectos de infraestructura?

Por ejemplo, el cruce a través del Túnel del Estrecho de Bering, y los enlaces ferroviarios de alta velocidad entre Eurasia y Norteamérica que parecen cada vez más urgentes para China y Rusia; o el esperado avance de gestión hidráulica a gran escala necesario para contener la desertificación del oeste de Norteamérica son ejemplos que ilustran el principio general. Según los estudios de viabilidad del Proyecto Camino de Seda, como expresa la Organización LaRouche: "los acuerdos entre los países involucrados en fondos conjuntos o en agencias para llevar a cabo estos ambiciosos proyectos requieren de reglas claras respecto al otorgamiento de créditos a largo plazo y con tasas bajas de interés". Asimismo, estos países continúan siendo soberanos y conservan sus propios sistemas crediticios nacionales para que los créditos a largo plazo sean requeridos en varias divisas con paridades relativamente estables a largo plazo, junto con arreglos de intercambio de divisas entre los bancos centrales.

Benjamín Franklin y Alexander Hamilton insistieron de forma explícita en la protección como rasgo prominente de la banca nacional para evitar que el capital recientemente invertido del banco se disipara con rapidez. Por ejemplo, si no hubiera regulaciones para proteger la manufactura; y si se redujeran por lo tanto, las importaciones que requieren pagos en dinero real, la presión ejercida sobre el banco nacional y sus sucursales para la realización de dicho pago, quebraría el sistema.

El Primer Ministro de India, Narendra Modi (2020) dijo que: "la expansión de la membresía del Nuevo Banco de Desarrollo del BRICS fortalecerá su papel como una institución financiera de desarrollo global, y contribuirá aún más a la movilización de recursos para proyectos de infraestructura y desarrollo sustentable". Luego, el 3 de septiembre de 2019, el Ministro de Finanzas de India confirmó que: "El mandato del Nuevo Banco de Desarrollo es movilizar recursos para proyectos de infraestructura y desarrollo sustentable en los países del grupo BRICS, y en otras economías emergentes y países en desarrollo, con lo que se complementan los esfuerzos actuales de instituciones financieras multilaterales y regionales para el crecimiento global, y el desarrollo".

Para que los proyectos de infraestructura y desarrollo sustentable realizados a través del Nuevo Banco de Desarrollo se vuelvan realidad, el Banco debe otorgar créditos en sus propias divisas. Sólo así se podrá capitalizar un Nuevo Banco de Desarrollo fundado por Tratados, y con un equivalente en capital a varios billones de dólares; y demás, sólo así el Banco se convertirá en la máxima institución de financiamiento e iniciadora de inversiones en los grandes proyectos. Uno o más fondos soberanos de riqueza pertenecientes a otros países también podrían invertir capital en el Nuevo Banco de Desarrollo, pero el crédito otorgado a éste por los poderes económicos en cooperación, deberá estipular cómo será capitalizado, si con obligaciones de inversión de entre veinte y treinta años de tipo "anualidad" que paguen un dividendo pero solo puedan ser rescatadas por el Banco mismo si este decidiera reducir su capital por cualquier razón; o aceptando a otros inversionistas. Es el mismo principio con el que Estados Unidos u otros países inversionistas crearán bancos nacionales de crédito capaces de invertir en el Nuevo Banco de Desarrollo, siempre y cuando su crédito para la inversión no se genere con base en excedentes de comercio y reservas extranjeras.

Al otorgar créditos en una situación igualitaria respecto al largo plazo para el desarrollo de proyectos en países independientes, el Nuevo Banco de Desarrollo reservará un crédito con el banco nacional de desarrollo del país involucrado, el cual lo usará como base para el otorgamiento de otro crédito en su propia moneda a las autoridades y empresas que lleven a cabo la labor. Debido a la configuración de los bancos nacionales de desarrollo en los países prestatarios, y a los controles de calidad; esta divisa también deberá ser "no exportable", excepto para el comercio.

Para garantizar que ningún crédito del Nuevo Banco de Desarrollo sea desviado y haya fuga de capital o inversiones de valores "*carry trade*" (bicicleta financiera), y que su uso para proyectos de desarrollo prevenga cualquier intento de repago de otras deudas soberanas de los países que reciben los créditos, los países prestatarios deberán establecer no solamente controles de capital, sino también controles de intercambio, que son los más importantes.

Asimismo, para un otorgamiento eficiente del crédito de desarrollo del Nuevo Banco de Desarrollo, es necesario que los países demasiado comprometidos por las deudas soberanas que les hayan sido impuestas de forma ilegítima, total o parcialmente, sean capaces de imponer una moratoria sobre la deuda ilegítima y remplazarla con otra a un plazo muchísimo más largo, en caso de que no se pueda acordar la reducción o condonación de la primera deuda.

De otra manera, la carga fiscal del pago de la deuda externa de los países prestatarios dañará su capacidad de participación en el otorgamiento del crédito del Nuevo Banco de Desarrollo para grandes proyectos vitales de infraestructura. Este Nuevo Banco de Desarrollo puede ser un medio de reorganización de deuda para países demasiado endeudados o para grupos de países que requieran el crédito para plataformas importantes de desarrollo de infraestructura.

En los casos en que las autoridades nacionales y regionales reciban préstamos del Nuevo Banco de Desarrollo para echar a andar proyectos grandes y legítimos de infraestructura y/o desarrollos científicos y tecnológicos que generarán una actividad económica altamente productiva e ingresos, dichas autoridades pagarán sus créditos al Nuevo Banco de Desarrollo de la misma manera; es decir, por medio de la fundación de bancos nacionales de crédito que generarán crédito adicional para el desarrollo interno, y que invertirán a su vez en el Nuevo Banco de Desarrollo haciendo uso de sus propias divisas nacionales.

Después, hablaremos también de los mecanismos disponibles en los países de Latinoamérica para la reorganización de la deuda y el desarrollo sostenible.

Proyecto Latinoamericano: mecanismos del desarrollo sostenible

Había prometido hablar de los mecanismos disponibles en los países de Latinoamérica para la reorganización de la deuda, y el desarrollo sostenible. La pregunta es, ¿Cómo describirles este proceso a los países de Latinoamérica, como una propuesta para la reorganización de la deuda y el desarrollo? Las propuestas del Fondo Monetario Internacional basadas en el: "control de las finanzas públicas, en una gran gama de reformas económicas, y en reformas institucionales donde sea necesario", son una receta para crear pobreza abyecta, y desmantelar un Estado- Nación. Pero no tenemos por qué escuchar los consejos del FMI. El documento de políticas económicas de The New Silk Road becomes the new Land-bridge ofrece varias soluciones:

1. En ninguna República deberán permitirse otros otorgamientos de crédito, excepto

    a. crédito de pago diferido entre compradores y vendedores de bienes y servicios;

    b. préstamos bancarios contra divisas legales combinadas y lingotes en depósito de manera legal;

    c. préstamo de otorgamientos de crédito generados a través de emisiones de divisa nacional: billetes de la Tesorería del gobierno nacional.

2. El préstamo de crédito generado por el gobierno (billetes de divisa) deberá dirigirse a aquellas formas de inversión que promuevan el progreso tecnológico al ejercer el máximo potencial para la aplicación de bienes de capital.

3. En cada República deberá haber un banco nacional propiedad del Estado, el cual se abstendrá de realizar entre sus funciones legales permitidas, aquellas con las características de la banca privada, o de los bancos centrales relacionados con Bank of England; y las prácticas equivocadas del Sistema de la Reserva Federal de Estados Unidos.

4. En el interior del país no existirá ninguna institución de crédito, excepto las que estén sujetas a los estándares de práctica y auditoría de la Tesorería del gobierno y de los auditores del banco nacional. A ninguna institución financiera extranjera se le permitirá hacer negocios en el interior de la República, a menos de que sus operaciones internacionales cumplan con los requisitos legales determinados periódicamente por un cuerpo auditor adecuado ("transparencia" de las instituciones extranjeras de crédito).

5. La Tesorería y el banco nacional, en asociación, tendrán autoridad continua para administrar controles de capital y de intercambio, y para asistir en esta función a través del otorgamiento de licencias individuales de importación y de exportación, así como para regular negociaciones de préstamos recibidos de fuentes extranjeras.

Deberá establecerse la valuación soberana del valor de intercambio extranjero de la divisa de un país. La primera aproximación del valor de la divisa de un país es el poder adquisitivo de dicha divisa en el marco de su propia economía interna. Pregunta: ¿Cuáles son los precios de los bienes y servicios producidos en el interior del país, en relación con los precios de productos y servicios de la misma calidad en otros países?

Respuesta: Como el comercio aumentará entre los países que participen en los acuerdos de los Tratados para la construcción de estos grandes proyectos —tanto los que otorguen crédito a través del Banco de Desarrollo como los que reciban los créditos–, los bancos nacionales de los países participantes tendrán que crear *swaps* de divisas suficientemente amplios para realizar y recibir los cada vez más frecuentes pagos comerciales en la divisa del país con el que se esté tratando. Estos *swaps* de divisas para el incremento en el comercio podrán proveer la base para acuerdos sobre rangos estables para los tipos de cambio entre dos o más divisas.

La responsabilidad y el propósito del Banco es garantizar que los créditos otorgados por los países sean exclusivamente para el desarrollo de las nuevas plataformas de infraestructura, y los desarrollos tecnológicos más importantes destinados a aumentar la productividad de las economías nacionales, y de las fuerzas laborales de la especie humana.

Dado que estamos lidiando con un proceso global para volver a equilibrar la economía, sería perfectamente lógico involucrar a algunos de los países con economías fuertes tipo Arabia Saudita, Emiratos Árabes Unidos, Qatar, Turquía para la creación del Banco de Infraestructura Regional del Suroeste Asia/África.

El objetivo clave de la iniciativa sería la creación de créditos para cooperar en los novedosos proyectos de infraestructura con los nuevos bancos internacionales de desarrollo dirigidos por el Banco Asiático de Inversión en Infraestructura.

El Banco debería ser administrado por una mezcla de banqueros con experiencia en construcción y financiamiento de ingeniería, líderes de negocios de los sectores productivos de las economías, y científicos y expertos en ingeniería de gobiernos de toda la región. Su misión sería identificar las nuevas plataformas de infraestructura con mayor relevancia para la productividad y crecimiento de la región, y trabajar en el financiamiento y calendarización de los proyectos, así como en el crecimiento a futuro de la actividad económica y los ingresos que, probablemente, generarán las plataformas de infraestructura.

Los países que formen el banco regional de desarrollo deberían proveer una participación básica de su capital social, al menos 20% del total de las acciones, bajo la forma de bonos nuevos y crédito emitidos por sus Tesorerías. Los países fundadores ofrecerán acciones en el Banco directamente a los ciudadanos, y a sus bancos privados para suscribir el 80% restante del capital social.

El Banco otorgará créditos exclusivamente a agencias asignadas para llevar a cabo los importantes desarrollos de infraestructura, independientemente de si son agencias gubernamentales locales o agencias creadas para el proyecto. Asimismo, conducirá actividades de descuento con bancos privados, pero sólo cuando dichos bancos otorguen préstamos a contratistas y proveedores de servicios de los proyectos, y sólo cuando sea necesario que dichos préstamos fluyan. También comprará y/o venderá bonos de infraestructura emitidos por gobiernos regionales, y gobiernos locales para los proyectos aprobados.

El importante surgimiento reciente de nuevos bancos internacionales de desarrollo para préstamos no condicionados a la austeridad, y específicamente para la infraestructura –grupo BRICS, New Development Bank y el Asian Infrastructure Investment Bank–, abre la posibilidad de acuerdos crediticios no vistos desde la Conferencia Bretton Woods de 1944. Los proyectos esenciales de infraestructura que sean propuestos no tendrán éxito a menos de que logremos la misión fundamental de la cooperación crediticia entre los poderes económicos más importantes, y que éstos provean la mayor cantidad posible de bienes de capital y productos industriales para dichos proyectos, sin imponer una dirección supranacional.

Un Banco de Infraestructura Regional del Suroeste Asia/África será capaz de desarrollar acuerdos de crédito para proyectos importantes en cooperación, por ejemplo, con el Banco de Exportación e Importación de China, a tasas de interés bajas de gobierno a gobierno, si las empresas de ese país se involucran en el aprovisionamiento de bienes de capital y logística; y podría desarrollar acuerdos similares con el Nuevo Banco de Desarrollo o el Fondo de la Ruta de la Seda. Estas asociaciones para el otorgamiento de crédito minimizarán la necesidad de que el Banco pida prestado capital a través de la emisión de bonos con tasas de interés más elevadas en mercados de capital internacionales.

Los acuerdos entre los países involucrados, a través de fondos conjuntos o agencias para ejecutar los grandes proyectos, requerirán un convenio respecto al otorgamiento de créditos a largo plazo y con tasas bajas de interés. Asimismo, estos países deberán seguir siendo soberanos y conservar sus propios sistemas crediticios nacionales para que los créditos a largo plazo sean requeridos en varias divisas con paridades relativamente estables a largo plazo, y junto con arreglos de intercambio de divisas entre los bancos centrales.

Los intercambios de divisas y los otros acuerdos financieros permitirían la implementación de proyectos globales de trenes que unan diversos territories, y una amplia red de transporte, los cuales proveerían crecimiento económico y desarrollo.

Por ejemplo en 1923, durante la quinta Conferencia de los Estados Americanos, se tomó la decisión de construír la Carretera Panamericana que actualmente se encuentra casi terminada, excepto por la parte del Tapón de Darién, la cual consiste en noventa kilómetros en línea recta entre Yaviza, en Panamá, y Lomas Aisladas, cerca de Chigorodó, en Colombia. Cuando se cierre el Tapón de Darién, estará terminada la columna vertebral de 26,000 kilómetros de la Carretera Panamericana.

Lo que queda fuera de toda duda es que el potencial para el desarrollo económico en América es enorme, tanto en términos de la base de recursos naturales provista, como en los recursos naturales de factura humana que se generarán como parte de los proyectos de infraestructura, muchos de los cuales han permanecido sobre mesas de diseño durante una década, en espera de aprobación política.

Latinoamérica y sus recursos naturales

Me gustaría hablar de los grandes recursos latinoamericanos en materias primas y energía. La historia económica de Latinoamérica es un cofre del tesoro de materias primas: el oro y la plata que atrajeron a los primeros exploradores; platino, azúcar, café, cobre y el "oro negro" en el siglo xx, por nombrar solo algunos. Los minerales y metales se pueden separar en tres grupos:

1. *Metales preciosos:* Principalmente el grupo del oro, la plata y el platino. Los tres tienen usos industriales pero también se les atesora por su valor como reserva monetaria.

2. *Metales industriales/básicos:* Siete de estos metales –bauxita, cobre, fierro, plomo, níquel, estaño y zinc– representan, en peso, 70% de todos los productos terminados fabricados en el mundo, cuya constitución no incluye ni carbón, ni madera ni piedra. Ninguna sociedad industrial puede existir sin los productos terminados que provienen de estos metales.

3. *Metales y minerales estratégicos:* En general se utilizan como aleaciones   porque suelen ser ligeros y sumamente maleables, y porque resisten bien el fuego. Con frecuencia se les usa en la producción de artículos de defensa y de alta tecnología.

De acuerdo con el informe anual de *Producción Mundial de Minerales*, de más de 70 insumos minerales por país y a nivel mundial, en el caso de los 26 minerales y metales esenciales, el rango mundial de cada país de Latinoamérica está entre los seis países productores principales. Los países latinoamericanos son los principales productores de cinco minerales o materias primas: México, plata; Perú, bismuto; Chile, cobre; México, estroncio; y Brasil, niobio.

Además, Venezuela, posee 15 de los principales 17 minerales del mundo.

Tres países latinoamericanos generan más de la mitad de la producción mundial de tres minerales: bismuto (Perú, 63%); estroncio (México, 53%) y niobio (Brasil, 86%). Latinoamérica genera 15% de la producción mundial de dos de los siete metales básicos/industriales; 20% de la producción mundial de uno de los metales; y por lo menos 25% de la producción mundial de tres metales. También genera un 1/3 de la producción mundial de cobre.

Además, buena parte del PIB de Latinoamérica también se genera en países que dependen fuertemente de ingresos fiscales provenientes de la producción de insumos. De las siete economías que conforman aproximadamente 85% del PIB regional, seis tienen, en sus ingresos totales, una participación sustancial de ingresos por insumos que va del 10 a 49% en promedio.

El problema es que en la década de los noventa, entre 75 y 80% de todas las propiedades mineras en Latinoamérica le pertenecía a empresas mineras controladas por el Estado, o a empresas privadas pertenecientes a ciudadanos del país en cuestión. Actualmente, debido a la liberalización de la legislación minera y a la privatización, entre uno y 2/3 de las propiedades mineras en varios países latinoamericanos les pertenecen a extranjeros que las poseen bajo su propio nombre, o bajo el nombre de empresas fantasmas. El Banco Mundial ha propiciado esta situación porque el importante factor de la propiedad es un área esencial de su anhelo de asumir el control mundial.

De los extranjeros, los principales propietarios son, en muchísimos casos, empresas del cartel de materias primas del Commonwealth Británico, incluyendo las cuatro más poderosas: el angloestadounidense, Río tinto, Barrick Gold (a cuya Junta Consultiva Internacional pertenece el otrora presidente estadounidense George Bush); y Newmont Mining.

Otro elemeneto clave para el futuro Proyecto Latinoamericano es la independencia energética para el desarrollo económico. La clave para reconstruír la economía es la provisión de energía barata y abundante. Primero, Latinoamerica cuenta con un vasto potencial de energía hidráulica no aprovechada. La enorme Presa Itaipu en el Río Paraná es una muestra de que en todo el continente hay muchas zonas favorables para la gestión de presas hidroeléctricas, así como para el control de aguas y la navegación.

La energía nuclear es la fuente de poder más avanzada y densa en energía, y su desarrollo debería reanudarse hoy de todas las maneras posibles, a pesar de lo que Greta Thunberg piensa. Poco después del anuncio en 1953 del Presidente Eisenhower respecto al programa "Átomos para la paz", Argentina fue el primer país que firmó un acuerdo de cooperación para el uso pacífico de la energía nuclear. El Atucha, su primer reactor, comenzó a funcionar en 1974, y el Embalse comenzó en 1983. Desde 1979 se planeó que se pusieran en operación cuatro nuevas plantas entre 1987 y 1997, pero esto nunca sucedió. La desaceleración económica, y los mandatos de austeridad del FMI detuvieron todos los programas nucleares del país. En Brasil sucedió lo mismo a pesar de que desde la década de los treinta había allí científicos realizando experimentos de fisión nuclear.

Actualmente, en Latinoamérica hay solo siete reactores de energía nuclear que producen 2.2% del total del consumo de energía: tres en Argentina, dos en Brasil y dos en México. Por esta razón, el petróleo y el gas natural continúan siendo las dos fuentes básicas de energía del planeta.

El desafío principal de la transformación energética global implica el desarrollo acelerado de tecnologías altamente eficaces para el ahorro energético, así como su adaptación a los vertiginosos cambios en el mercado (los cuales han dado como resultado, por ejemplo, que el contenido de azufre en los combustibles del mundo se reduzca 2.6 veces para 2020, y que las emisiones de dióxido de azufre se reduzcan en 5 millones de toneladas al año).

Y ¿Qué hay de la energía solar? Absolutamente no. En términos absolutos el costo de la energía solar más eficiente es todavía tres o cuatro veces más elevada que el de la electricidad en el mercado doméstico de los productores petroleros, generada principalmente por medio de fuentes fósiles tradicionales. Hablando de manera general, la energía nuclear, como el Internet, era y continuará siendo en el futuro próximo parte de la industria de "uso dual" que permite compensar los costos relacionados con el complejo industrial-militar.

En conclusión, este tipo de proyectos daría como resultado una explosión de desarrollo económico, progreso tecnológico y científico, optimismo, cultura y mayor sensación de propósito; y al mismo tiempo, unificaría a Latinoamérica alrededor de la noción común de un "Bien mayor" en medio de un entorno posterior a la crisis: una Latinoamérica que, por el momento, se ve amenazada letalmente por la degradación física, el pesimismo cultural, el narco-terrorismo, y los propulsores del gobierno mundial único.

Nosotros, como sociedad, necesitamos progreso. Necesitamos progreso tecnológico, científico y cultural; y lo necesitamos no sólo para volvernos más ricos y poderosos, sino porque nos hace falta ser inmortales de la manera en que ningún otro animal sobre la tierra puede serlo.

Latinoamérica y la alimentación

Me gustaría analizar otro de los grandes recursos latinoamericanos: los alimentos; y como la élite planetaria controla a los pueblos a través de su política de hambre. Hoy en día, más de 1,200 millones de personas en todo el mundo están muriendo de hambre. Los efectos del derrumbe económico han sido asombrosos: 400 millones de personas se unieron a las filas del hambre en 2008. Esta es una cifra nunca antes vista.

De cierta forma, es también una verdadera paradoja. Nuestro planeta tiene todo lo que necesitamos para producir alimentos naturales y nutritivos para alimentar a toda la población mundial varias veces. Y es así a pesar de los estragos de la agricultura industrializada de los últimos cincuenta años o más. Pero entonces, ¿Cómo es posible que nuestro mundo enfrente una hambruna generalizada? La respuesta radica en las fuerzas y los grupos de interés que han decidido crear una carencia artificial de alimentos nutritivos.

Una de ellas es La Organización Mundial de Comercio (OMC), fundada por los globalistas en Washington después de la Segunda Guerra Mundial. La OMC introdujo un radical nuevo acuerdo internacional, el Acuerdo sobre los Aspectos de los Derechos de Propiedad Intelectual, el cual permitió por primera vez que las empresas multinacionales patentaran plantas y otras formas de vida. El objetivo de la OMC era servir como una cuña para impulsar el libre comercio entre los países más industrializados, en especial los de la Comunidad Europea.

En 1993 la Unión Europea estuvo de acuerdo con una reducción importante de la producción de su agricultura nacional, y esto creó un parteaguas. Dicha reducción fue un proceso de muchas etapas. En primer lugar, de acuerdo con las reglas del juego de la OMC, los países miembros estarían forzados a abrir sus fronteras para otorgarles a otras naciones el derecho de operar libremente en su interior, y a eliminar las reservas nacionales de granos. Estas reservas dejaron de ser propiedad de los Estados-Nación independientes, y se convirtieron en una propiedad que sería administrada por el "libre mercado", por mega-corporaciones privadas, principalmente estadounidenses que dirigían los mercados mundiales.

Las reglas que se les venden a los países subdesarrollados como un faro de esperanza, fueron redactadas por los gigantes corporativos que forman el núcleo de Empresa Mundial, SA. Por ejemplo, el anteproyecto para la reforma agrícola orientada al mercado fue redactado por Gale Johnson de la Universidad de Chicago para la Comisión Trilateral de David Rockefeller; y por Dan Amstutz, antiguo ejecutivo de Cargill que desempeñó un papel fundamental en la redacción de las reglas agrícolas de la Ronda de Uruguay del GATT. Por cierto, Cargill es la empresa de granos más grande del mundo.

Para controlar los productos del mercado global libre e integrado, le fueron impuestas rigurosas reglas. Los nuevos acuerdos también prohibieron los controles de exportación agrícola, incluso en tiempos de hambruna. La dominación de los cárteles sobre el comercio de granos de exportación en el mundo actualmente es férrea. No se puede dar de comer de manera gratuita a los países hambrientos sin el permiso de la OMC.

Además, el pacto internacional les prohíbe a los países restringir el comercio a través de las leyes de seguridad alimentaria conocidas como aranceles. Este mismo engaño también abrió los mercados mundiales a la importación sin restricciones de alimentos obtenidos a partir de organismos modificados genéticamente, y sin necesidad de demostrar que son seguros para nuestra salud.

La agricultura es alimento, y el alimento es lo que comemos. Desafortunadamente, esto lo damos por sentado con demasiada frecuencia, en especial en los países del primer mundo: pensamos que siempre tendremos alimentos en abundancia. Una visita al supermercado basta para satisfacer nuestras necesidades. Pero,

¿Qué pasaría si un día no muy lejano despertamos y no hubiera nada que comer? ¿Qué haríamos?

La propaganda de la OMC nos dice que, de alguna manera, el "mercado" mundial y el supuesto "libre comercio" proveerán condiciones favorables y necesarias para el crecimiento. Pero con el establecimiento de zonas comerciales con múltiples países, los gobiernos que responden a los ciudadanos pierden su poder y su control, a costa de estas agencias supranacionales que suplantan la autoridad de los Estados nación.

Esas agencias no representan de ninguna manera a la gente de ningún país. Son leales a las corporaciones y a los organismos financieros que las eligieron, financiaron y apoyaron. Estas organizaciones forman uno de los nódulos del gobierno de la élite, una imperiosa estructura vertical que busca esclavizar poblaciones a través de muchos disfraces, incluyendo el de la sutil guerra psicológica, y otras técnicas híbridas usadas en los conflictos bélicos.

Acuerdos como el GATT, han destruido discretamente las economías nacionales al someterlas a los imperativos del comercio mundial, y a la globalización sin fronteras. La globalización es un concepto vertical, lo cual significa que corporaciones multi facéticas que luchan por controlar la producción y la distribución de los productos alimentarios, destruyen y remplazan a los campesinos; es decir, a la gente que realmente pone los alimentos en nuestra mesa.

En las últimas dos décadas, millones de campesinos en Estados Unidos, Europa, Canadá, Australia y Argentina han sido destruídos. Actualmente hay cerca de dos millones de granjas en operación en Estados Unidos, un marcado en descenso desde 1935, cuando la cantidad de granjas llegaba a casi 7 millones, y daban de comer al pais entero. Mientras que en 1840 los trabajadores de la industria agrícola representaban 70% de la fuerza laboral estadounidense; hoy en día sólo representan 1.3% de la población empleada del país, lo que equivale a 2.6 millones de personas.

Esto no es ninguna casualidad: que haya menos granjeros independientes significa mayor control corporativo sobre lo que comemos. La gente puede acostumbrarse prácticamente a todo en la vida, excepto a no tener lo suficiente para comer. Incluso la muerte es así más fácil de aceptarla porque solo tienes que enfrentarla una vez.

El GATT, el Tratado de Libre Comercio de América del Norte, el Tratado de Libre Comercio de Centroamérica y todos los convenios de este tipo, han propiciado el surgimiento de guettos y favelas en ciudades de toda Latinoamérica, de Asia, y de África debido a que crean condiciones que fuerzan a la gente a abandonar su tierra mientras la élite se apodera de los medios de producción.

Por una parte, los pueblos fantasmas representan despoblación. Por otra, si se fuerza a la gente a dejar su tierra e ir a las ciudades, se crea una tormenta perfecta de descontento entre las masas. Finalmente, la agitación de las multitudes requiere un control por parte de las fuerzas armadas. Problema, reacción, solución.

Proyecto Latinoamericano:
Alimentación vs agro-negocio

Me gustaría hacer énfasis en la importancia de contar con sistemas de alimencacion independiente, sobre todo en la época de una hambruna planetaria generalizada, según el Informe de la ONU que hemos anteriormente difundido. Las instituciones internacionales principales están impulsando políticas de retroceso tecnológico; y la reducción, en varios miles de millones, de la población mundial. Y no hay mejor manera, ni forma más sencilla de reducir la población que por medio de la hambruna. Para matar a la gente de hambre se debe asumir el control de la producción alimentaria, arrebatársela a los campesinos independientes; y ponerla en manos de corporaciones gigantes al servicio de los intereses de la Empresa Mundial, SA.

Las regulaciones de la OMC les prohíben a los países proteger su economía local o gravar los productos, aún cuando éstos fueron evidentemente producidos con mano de obra esclavizada. Los países tampoco tienen permitido favorecer las economías locales que contratan a gente del lugar, y que pagan salarios decentes por la producción de bienes que luego podrían beneficiar a la economía y los negocios locales; o sea, a la gente que pagó impuestos, jugó limpio y reinvirtió su riqueza –ganada con tantas dificultades– en los mercados locales o nacionales.

La verdad es que el libre comercio es un comercio amañado, y la cuestión de la 'justicia' es propaganda para distraer a los legisladores, granjeros y público en general que ya vive engañado. El libre comercio lo dirige un cartel financiero internacional. Los intereses del cartel controlan el campo de juego: quienes juegan, y las reglas del juego. Cuando el control del cartel se expande a áreas estratégicas como la alimentaria, la situación se vuelve frágil en un instante.

El resultado de la imposición de las reglas de la OMC a nivel internacional en los últimos quince años, es que una pequeña y ceñida hermandad de empresas del cartel ha monopolizado el procesamiento y el comercio de alimentos a un grado extremo.

Actualmente, la guerra de los alimentos se encuentra bajo el firme control de unas cuantas corporaciones. La empresa alimentaria más grande del mundo es Nestlé. Fue fundada en 1867 y está asentada en Suiza. Es el comerciante número uno en el mundo de leche en polvo, y de leche condensada; es el vendedor número uno de chocolate, productos de repostería, y agua mineral (Nestlé es dueña de Perrier); y la tercera empresa cafetalera más importante asentada en Estados Unidos. También posee 26% de la empresa de cosméticos más grande del mundo, L'Oreal.

Buena parte del resto del negocio de la leche en polvo lo controla Unilever, empresa propiedad de un consorcio angloholandés. Unilever es resultado de la fusión de una empresa británica y una holandesa realizada en 1930. Es la productora número uno de helado y margarina, y también es un jugador fundamental en el ámbito de las grasas y los aceites comestibles. Unilever posee enormes plantaciones y dirige United Africa Co., la empresa comercial más grande de África.

La empresa United Africa Co., controla grandes territorios en Zimbabue, CongoZaire, Mali, Chad y Sudán vía la inteligencia británica como una manera de dar paso a los Estados Unidos de África. Las fronteras entre los Estados serán disueltas, y sus contenidos serán organizados como una nueva franquicia de negocios con dos propósitos. El primero, garantizar la seguridad de las inversiones extranjeras y la apropiación de títulos de propiedad sobre las materias primas; sobre todo por parte de la industria minera del Commonwealth británica y de otras empresas; y el segundo, atiborrar los bolsillos de los individuos del gobierno que se encargarán de hacer cumplir las políticas.

De entrada, estos individuos ya están de acuerdo con la ideología del "cero crecimiento", la idílica vida primitiva de los "comedores inútiles", como llamó Henry Kissinger a toda persona que vivía por debajo del Trópico de Cáncer. No sólo las de África, también las poblaciones campesinas del tercer mundo serán organizadas para hacer lo que ha sucedido de forma 'natural' durante años: usar sus pintorescos picos y palas en tierras que se encuentran deterioradas por siglos de cultivo intensivo para reunir el tributo (impuestos) para el Banco Mundial, bajo la forma de alimentos. El resultado será un decremento neto en la producción y consumo de alimentos en todo el mundo.

Pero las cosas se ponen peor aún, mucho peor. La empresa más grande de granos en el mundo se llama Cargill. Los granos constituyen una parte fundamental de la dieta estándar. La multimillonaria familia MacMillan ha dirigido Cargill desde la década de los veinte. John Hugh MacMillan, presidente y director de Cargill de 1936 a 1960, ostentó el título hereditario de Caballero Comandante de Justicia de la Soberana Orden de San Juan, una de las órdenes más importantes del Vaticano. Otra, Tradax, Inc., es el brazo comercial internacional de Cargill, y tiene sus oficinas centrales en Ginebra, Suiza. Lombard Odier Bank y Pictet Bank son antiguas instituciones privadas, bancos suizos muy sucios, poseedores de una parte sustancial de Tradax. El principal agente financiero para Tradax es Crédit Suisse, con base en Ginebra; una de las instituciones más fuertes en lo referente al lavado de dinero.

Luego vienen las empresas de semillas, y entre éstas, la más grande, poderosa y sucia es Monsanto con su mano de obra internacional en 66 países. Monsanto tiene un poder que desbanca la influencia de la mayor parte de los países del planeta. La empresa DuPont Chemical es la empresa más grande de semillas del mundo, vende toda una serie de semillas de cultivos y forraje en 70 países. Syngenta tiene su base en Suiza, y opera en 90 países con una fuerza laboral de 26,000 personas. Fue fundada en el año 2000 a partir de la fusión de Novartis Agribusiness y Zeneca Agrochemicals. A su vez, Novartis se formó a partir de la fusión de las legendarias compañías químicas suizas Sandoz y Ciba Geigy. Zeneca Agro salió de las firmas británicas ici (Imperial Chemical) y AstraZeneca.

Dicho de otra manera, entre diez y doce empresas fundamentales dirigen el suministro mundial alimentario. Estas empresas son los componentes clave del cartel alimentario angloholandéssuizo, el cual se agrupa alrededor de la Casa de Windsor británica. Cargill, Continental, Louis Dreyfus, Bunge and Born, André y Archer Daniels Midland/Töpfer son las seis empresas que constituyen el cártel alimentario, y de materias primas dirigido por Windsor, un cartel que tiene dominio completo sobre los suministros mundiales de cereales y granos, del trigo al maíz, y la avena; y de la cebada al sorgo, y el centeno. Sin embargo, también controla cárnicos, lácteos, aceites y grasas comestibles, frutas y vegetales, azúcares y todo tipo de especias.

La mayoría de estas empresas son privadas y son dirigidas por familias multimillonarias. No emiten acciones públicas ni publican un reporte anual. Son más secretas que cualquier empresa petrolera, banco o servicio de inteligencia gubernamental. Mientras estas empresas perpetúan la ficción legal de que son organizaciones corporativas distintas, en realidad se trata de un sindicato entrelazado con un propósito común, y múltiples consejos directivos superpuestos.

La oligarquía formada alrededor de la Casa Windsor es propietaria de estos cartels; y éstos son, a su vez, los instrumentos de poder de la oligarquía, instrumentos acumulados a lo largo de siglos para quebrantar la soberanía de las naciones. Para entender la realidad que se opone a la retórica respecto a su participación en la economía mundial, lo mejor es estudiar lo que hacen las empresas, en lugar de lo que proclaman.

Los seis grandes del cartel de empresas comerciantes de granos poseen y controlan 95% de las exportaciones de trigo de USA, 95% de sus exportaciones de maíz, 90% de las de avena, y 80% de las de sorgo. El control de las empresas de granos en el mercado estadounidense de este producto es absoluto. El grupo de las seis grandes controla entre 60 y 70% de las exportaciones de granos de Francia. A su vez, Francia es la mayor exportadora de granos de Europa (la segunda región exportadora de granos más grande del mundo), y exporta más de este producto que los siguientes tres países exportadores europeos más importantes en conjunto.

En suma, el cartel alimentario angloholandéssuizo domina entre 80 y 90% del comercio mundial de los granos. De hecho, el control es mucho mayor que la suma de todas sus partes: las seis grandes empresas de los granos se organizan como un cartel, mueven los granos de ida y vuelta desde cualquiera de los países exportadores más grandes o más pequeños.

Cargill, Continental, Louis Dreyfus y las demás, poseen flotas de transporte mundiales y tienen relaciones de ventas establecidas desde hace mucho tiempo, mercados financieros e intercambios comerciales de insumos (como la Institución Mercantil y de Actividades Marítimas del Báltico, con base en Londres) con los que se comercian los granos, y que les ayudan a consolidar su dominio. Ningún otro grupo de poderes en el mundo, ni siquiera gubernamentales, está tan bien organizado como este cartel.

Hoy en día, los cuatro empacadores más grandes de carne controlan 84% de la matanza de cabestros y vaquillas: Tyson, Cargill, Swift y National Beef Packing; cuatro gigantes controlan 64% de la producción de puerco: Smithfield Foods, Tyson, Swift y Hormel; tres empresas controlan 71% de la pulverización de soya: Cargill, ADM y Bunge; tres gigantes controlaban 63% de toda la molienda de harina, y cinco empresas controlan 90% del comercio mundial de granos; cuatro más controlan 89% del mercado de cereales para el desayuno.

Por favor, entiendan que este sindicato de empresas entrelazadas que se perpetúan a sí mismo, es el que decide quién come y quién no; quién vive y quién no. Es una telaraña virtual de intereses financieros, políticos, económicos e industriales que tiene como modelo el ultramontanismo veneciano. Estas personas poseen y administran los asuntos de un aparato corporativo entrelazado que domina puntos neurálgicos de la economía global; en especial en las finanzas, los seguros, las materias primas, el transporte y los bienes de consumo.

Estas corporaciones privadas de agro-negocios más grandes del planeta, se han convertido en los árbitros de la muerte. La pregunta es: ¿Por qué se les permite a las mega-corporaciones, y a una pequeña élite sociopolítica poseer nuestros alimentos que son la base de la supervivencia humana?

Latinoamerica y el control de la alimentación

Hablaremos de cómo se ejerce el control sobre la alimentación. La oligarquía ha desarrollado cuatro regiones para que sean las principales exportadoras de casi cualquier tipo de alimento; y en ese proceso, asumieron el control vertical de la cadena alimenticia de dichas regiones. Las regiones de las que hablamos son Estados Unidos; la Unión Europea, en particular Francia y Alemania; las naciones del Commonwealth británico, es decir, Australia, Canadá, la República de Sudáfrica, Nueva Zelanda; y Argentina y Brasil en Latinoamérica. Estas cuatro regiones tienen una población de más de 1000 millones de personas que representan 13% de la población mundial. El resto del mundo, con 87% de la población (6,500 millones de personas), depende de las exportaciones de alimentos de las regiones mencionadas.

Pregunta: ¿Los países se pueden proteger a sí mismos? Respuesta: si forman parte de la OMC, no. Si algún país tratara de proteger sus mercados locales entonces la comunidad mundial entera tendría derecho a rebelarse contra las "políticas proteccionistas".

Fíjense que las reglas de la OMC afirman que los países deben eliminar sus reservas alimentarias, los aranceles sobre importaciones y exportaciones de alimentos, y dejar de intervenir para apoyar a su sector doméstico de granjas. Todo esto, bajo el razonamiento imperial de que estas medidas que sirven al país, serían prácticas de "distorsión comercial" que anularían los "derechos" de libre mercado de las corporaciones globalistas. Hoy en día, una séptima parte de la población mundial carece de lo necesario para comer, y con esta situación como telón de fondo, resulta evidente que la historia de la OMC no es una historia de debates académicos sobre la economía sino sencillamente, de crímenes contra la humanidad.

Frente a la muerte masiva debida a la hambruna y a la falta de alimentos; recordemos la liturgia central de la OMC: los países no podrán tener reservas alimentarias porque esto representaría una distorsión comercial. Los países no podrán tratar de ser autosuficientes en el aspecto alimentario porque esto les negaría a sus ciudadanos el derecho que tienen de acceder al mercado mundial. Los países no podrán apoyar a sus propios campesinos porque esto dañará a los campesinos del resto del mundo. Los países no podrán implementar aranceles porque esto anula el derecho de acceso de sus ciudadanos a los productores extranjeros.

Esta liturgia le queda como anillo al dedo a las exigencias explícitas del Banco Mundial: privatizar, privatizar y privatizar. Según la lógica del Banco Mundial, "De manera general, la productividad mejora de forma significativa trás la privatización. Es por ello que las empresas privadas son más productivas que las empresas nacionalizadas."

Esta política sirve directamente para debilitar el propósito de cualquier gobierno que desee promover el bienestar general de sus ciudadanos; y aumenta la intención del sistema imperial corporativo de reducir drásticamente el potencial agroindustrial en todo el mundo, y de establecer las condiciones necesarias para la despoblación. Bajo el principio de los "mercados" y de la "obtención global" de alimentos a través de los monopolios corporativos, esta política va en detrimento de las poblaciones de los países exportadores y de los países importadores.

Tal vez parezca difícil de entender, pero se explica fácilmente. Hoy en día, hay 7,500 millones de personas distribuídas de forma irregular en la Tierra, un pequeño planeta con recursos naturales limitados y una base de población que se expande de forma permanente. Los alimentos y el agua son cada vez más escasos. Para que la élite pueda alimentarse, a ti y a mí nos tienen que sacrificar, subyugar y forzarnos a morir.

Aún asi, soy absolutamente optimista sobre el futuro del ser humano, y la razón podría sonar extraña o contradictoria; pero la razón por la que soy optimista es porque las cosas han estado muy mal. Esto es una realidad para Estados Unidos. Si damos una ojeada a Europa y a la América Latina, la situación está a punto de alcanzar un nivel de crísis en la vida de las personas que solo tendrán dos alternativas: la primera es, que solo vean colapsar a la sociedad y a la civilización casi como en la Edad Media, volviendo a una expectativa de vida de 40 o 45 años; volviendo a la escasez de alimentos hasta bordear la hambruna; y que las enfermedades retornen con fuerza.Así podemos volver a la Edad Media viendo a la población colapsar alrededor del mundo. La segunda alternativa para esquivar la crisis, es mirar hacia el futuro y volver a las políticas de desarrollo económico que incrementarán el nivel de las nuevas tecnologías, y que nos permitirán abrirnos camino. Pienso que en tiempos de crisis tenemos la oportunidad de "cambiar la perspectiva", y comenzar a transitar en un nuevo camino positivo. Crecimiento, desarrollo tecnológico-industrial, carrera espacial... Un futuro prometedor.

Por ejemplo, el desarrollo del proyecto de los viajes espaciales fue la consecuencia más lógica y más noble del ideal renacentista cuando de nuevo se situó al hombre en una relación orgánica y activa con el universo que lo rodeaba; y que percibió, en la síntesis del conocimiento y de sus capacidades, su empresa más elevada. Los conceptos de "límite" y de "imposibilidad" fueron relegados a dos regiones claramente distintas. A saber, el "límite" de nuestro estado actual de conocimientos, y la "imposibilidad" de un proceso que discurra en contra de las bien entendidas leyes de la naturaleza.

Por último, la Tierra no es meramente una nave espacial. Es parte del convoy del Sol, en su viaje a través del inmenso océano de nuestra galaxia, la Vía Láctea. Los mundos que acompañan al nuestro están subdesarrollados. La Tierra es el único barco de pasajeros de lujo que forma parte de un convoy de vagones de mercancías cargados de recursos. Dichos recursos están para que nosotros los usemos, cuando la Tierra nos haya transportado hasta un punto en el que tengamos la inteligencia y los medios necesarios para ser parcialmente independientes de nuestro planeta.

Tenemos mundos enteros que explorar, de los que sabemos muy poco; será una exploración que nos tendrá ocupados durante unos cuantos cientos de generaciones. Y esto es exactamente lo que la élite, está intentando evitar a toda costa.

Latinoamérica y su población

En los últimos setenta y cinco años se ha producido un giro al libre comercio, la mano de obra barata, y el desarrollo de anti infraestructura; y todo esto ha exacerbado la pobreza y permitido la disrupción de decenas de millones de personas en el hemisferio.

En toda Latinoamérica las megaciudades como Ciudad de México, Buenos Aires, Río de Janeiro, Bogotá, Caracas y otras, han crecido debido a los millones de personas que se han tenido que alejar de sus lugares de origen; pero al mismo tiempo, estas grandes urbes no cuentan con la infraestructura esencial para atender a la población creciente. Una cantidad aún mayor de gente originaria de Centro y Sudamérica ha huído a Estados Unidos o Canadá para tratar de ganarse la vida.

En 2005, según datos de la ONU, 191 millones de personas vivían fuera de su país de origen. Actualmente son casi 300 millones de personas. De acuerdo con la ONU, "los inmigrantes de Latinoamérica y el Caribe, están enviando a sus familias más dinero que nunca antes. En 2018, las remesas anuales superaron los $75.000 millones de dólares", y 40% de las mismas iban a un sólo país: México.

Problemas migratorios también amenaza el orden social y la estabilidad. Para 2036, casi 2/3 de la población mundial estarán viviendo en zonas con problemas de carencia de agua. La falta de alimentos, agua, medicinas, higiene adecuada, educación y servicios humanos básicos nos llevarán el colapso. La creciente brecha entre la mayoría y un muy pequeño número de personas increíblemente ricas, representa otra amenaza para el orden social y la estabilidad. Los resultados de la desesperación creciente de la humanidad serán una guerra civil, la violencia inter-comunitaria, la insurgencia, la criminalidad, y el desorden generalizados. Y allí tenemos el Gran Hermano, el Campo de Concentracion sin lágrimas, el Control Total, y el Gran Reseteo. Estos son los modelos.

Organizamos nuestra sociedad, y con ella, nuestro gobierno, cultura, industrias y empresas, en torno a "modelos". Estas son las reglas, prácticas, y protocolos acordados sobre cómo operamos. Por ejemplo, si se cambia el modelo de agricultura tradicional de pequeños agricultores, y se va hacia el modelo de mega- corporaciones, las consecuencias son: se están rompiendo familias, se están desarraigando, se están arrojando a los barrios marginales. ¿Os dais cuenta de que en Brasil, las favelas no existían antes de la Revolución Verde de intensificación de la agricultura, creada por los Rockefeller?

En el mundo actual, cuatro mil millones de personas siguen viviendo en comunidades rurales. Si el GATT, la élite, los Rockefeller, y la OMC tienen éxito y son capaces de imponer métodos modernos de agricultura en todo el mundo para llevarlos al nivel de Canadá o Australia, ¿Qué sucederá? Tres mil quinientas millones de personas serán desarraigadas de la tierra y expulsadas. Y ¿A donde irán? A las ciudades, obviamente en busca de trabajo. Es el desastre más grande (de nuestra historia), más grande que cualquier guerra. Tres mil quinientas millones de personas hambrientas vagando por el mundo.

Y esta es la otra parte de esta ecuación: los flujos migratorios. Una de las razones por las cuales las personas migran es por seguridad física. Dejan un área devastada por la guerra, y se dirigen a un lugar que está en paz. Otro motivo es la comida: dejan un lugar de hambruna a favor de un lugar con excedente de alimentos. No es de extrañarse que África, con sus recursos naturales infinitos, pobreza inagotable, y mano de obra barata esté otra vez en la punta de mira de la élite.

Los think tanks americanos prevén que la ciudad más grande a finales de este siglo va a ser Lagos, Nigeria con setenta y cinco millones de personas. ¿Huída desesperada hacia la salvación o la muerte anunciada? O sea, hemos ido del Estado-Nación a la regionalización de los territorios, y ahora hacia las Ciudades-Estado.

La élite está más que consciente de esto. Para 2030, se espera que las áreas urbanas crezcan en 1.400 millones de personas; y que dicho crecimiento ocurra casi exclusivamente en el mundo desarrollado. Las ciudades representarán 60% de la población del planeta, y 70% del PIB mundial. El ambiente urbano será el lugar donde converjan los impulsores de la inestabilidad. Para 2030, el 60% de los pobladores de las ciudades tendrán menos de 18 años. Las ciudades que crezcan más rápido serán también las que tengan más dificultades porque los recursos serán menos y las redes tendrán que llenar el hueco que dejaron los gobiernos sobrepasados, y descapitalizados para obtenerlos.

Factores combinados como la geografía, el cambio climático, el crecimiento desregulado, y una infraestructura por debajo del estándar necesario aumentarán el riesgo de desastres naturales y frustrarán la posibilidad de brindar ayuda humanitaria. El crecimiento ensanchará la cada vez más amplia brecha entre los ricos y los pobres. Las tensiones étnicas y religiosas serán un elemento que definirá el panorama social. El estancamiento coexistirá con un desarrollo sin precedentes mientras que el empobrecimiento, las favelas y los barrios de chabolas se extenderán con rapidez a la par de los rascacielos modernos; los avances tecnológicos y los niveles de prosperidad serán cada vez mayores.

Este es el mundo que la élite prevé para nuestro futuro. Las mega-ciudades son sistemas complejos en los que la gente, y las estructuras están comprimidas en el mismo espacio de una manera que desafía nuestra comprensión del planeamiento urbano, y las doctrinas militares. Es un ecosistema que exige una gran fuerza de adaptación para poder funcionar en su interior. Las infraestructuras variarán radicalmente con la concentración de transporte de amplia tecnología, puertos aéreos y marítimos conectados a nivel mundial, estructuras hidráulicas contemporáneas, insumos, y eliminación de desechos mezclada con vertederos abiertos, alcantarillado sobrepasado, agua contaminada y redes de energía eléctrica improvisadas. Esto se convertirá en el sistema nervioso de los

Estados no-nación, individuos y organizaciones no alineados que vivirán y trabajarán bajo la sombra del régimen nacional. Donde se alcancen a ver dominios físicos, los dominios digitales tendrán potencial ilimitado para reproducirse, y expandirse más allá de las fronteras. La seguridad digital y el comercio se verán cada vez más amenazados por economías sofisticadas e ilícitas; y los sindicatos descentralizados del crimen les darán a los adversarios un alcance sin precedentes. Esto se sumará a la complejidad de la focalización humana, ya que un número proporcionalmente pequeño de adversarios se mezclará con una cantidad de ciudadanos cada vez mayor.

La escala y la densidad de estos dominios es sobrecogedora. En una ciudad de diez millones de habitantes donde se tiene el apoyo de 99%, el restante 1% representa una amenaza de cien mil personas. Es un ambiente de convergencia oculto entre las enormes proporciones, y la complejidad de una mega-ciudad. Estos son los futuros campos de reproducción, incubadoras y plataformas de lanzamiento para adversarios y amenazas de *pedigree*. Estos laberintos construídos por el hombre, y conectados en todo el planeta proveen refugio y movimiento en amplias secciones de las ciudades para las formas alternativas de gobierno que asuman el control. La recomendación de la doctrina de Sun Tzu para los manuales de campo actuales, ofrece dos opciones básicas: evitar las ciudades o establecer una zona acordonada para esperar con paciencia al adversario; o drenar el pantano de los no-combatientes, e implicar a los adversarios restantes en un conflicto interior de gran intensidad.

Las doctrinas actuales son inadecuadas para atender la escala de la realidad poblacional porque el ecosistema de las mega-ciudades del mañana pertenecerá a un orden de complejidad mucho mayor. Nos enfrentamos a ambientes que los amos de la guerra nunca previeron. Nos enfrentamos a una amenaza que nos exige redefinir la doctrina y la fuerza en maneras radicalmente distintas. El ejército futuro confrontará una amenaza urbano-céntrica sumamente sofisticada que exigirá que las operaciones en las ciudades se conviertan en el elemento clave de la futura fuerza terrestre.

¿Cuál es la alternativa? La implementación de proyectos de infraestructura. Comenzar a reconstruir las economías nacionales y emprender el comercio de interés mutuo y del Bien Común. Prohibir prácticas, al margen de la ley, de mano de obra esclavizada/libre comercio. Con los millones de nuevos empleos, la gente del continente americano podrá aspirar a construír, y no a dejar atrás su país de origen, sea este viejo o nuevo.

Club Bilderberg y la Empresa Mundial S.A.

Lo que está pasando hoy en día en el mundo, empezó en 1968, en la conferencia de Club Bilderberg, en Mont Tremblant, Canadá. George Ball, director de Lehman Brothers y Subsecretario de Estado de Asuntos Económicos de JFK y del presidente Johnson, anunció un proyecto para la construcción de lo que llamó la "Empresa Mundial". La idea que les gusta promover a los globalistas es la de que los Estados nación están pasados de moda y son una forma de gobierno arcaica, la noción de que, en un mundo maltusiano, no se puede confiar en ellos para atender las necesidades modernas de la sociedad. Para Ball, la mera estructura del Estado nación y la idea del bien común o del bienestar general de la gente representaban el principal obstáculo para cualquier intento de saquear libremente el planeta, y eran el mayor impedimento para la creación de un imperio mundial neocolonial.

En otras palabras, de acuerdo con Ball y los otros integrantes del Grupo Bilderberg, los recursos de un país no le pertenecen a este, sino a la Empresa Mundial SA, dirigida por la élite. Y por esta razón lo que se necesita es una nueva forma de gobierno que permita una distribución más libre de los recursos mundiales. Decidieron que esa nueva forma de gobierno sería la corporación. Y así, a lo que George Ball llamó Empresa Mundial, podría convertirse en un nuevo gobierno que sobrepasaría en autoridad y poder, por mucho, a cualquier gobierno del planeta. ¿No es lo que estamos viendo hoy en día?

¿Por qué fue tan aguda la caída de ingresos en el periodo de veinte años entre el inicio de los setenta y el inicio de los noventa, y por qué la pérdida de la productividad económica fue tan dramática desde la presidencia de Kennedy?

Estados Unidos mantuvo un control esencial de su propia emisión de divisas y del crédito nacional desde que el presidente

Franklin Roosevelt remplazó en 1933 el estándar oro británico con un sistema de reserva de oro, a través de los rigurosos controles de capital e intercambio del sistema Bretton Woods de la posguerra, iniciados por su administración. La idea Bretton Woods de Roosevelt era que el capital nacional y la divisa permanecieran en casa para la inversión.

El crédito internacional les permitiría a las naciones subdesarrolladas comprarles bienes, maquinaria y tecnología a los países desarrollados. Los gobiernos restringieron los flujos de capital financiero entre fronteras, a pagos comerciales; usualmente, los bancos en los países miembros no tenían permitido aceptar depósitos en divisas extranjeras a menos de que el depositario demostrara que estos serían para realizar pagos comerciales.

Bajo este sistema, el crecimiento económico se mantuvo elevado y con una base amplia. Los bancos de la City de Londres, comenzando por el que ahora se llama HSBC (antes Hong Kong and Shanghai Banking Corporation), establecieron centros británicos *offshore* del llamado mercado de "eurodólares" desde 1960, violando así de manera directa las reglas del sistema Bretton Woods. Los bancos británicos abrieron cuentas *offshore* en dólares, las cuales pagaban tasas de interés significativamente más altas que las cuentas de los bancos estadounidenses y hacían préstamos especulativos, así como inversiones en valores. No pasó mucho tiempo antes de que los bancos de la City de Londres y de Wall Street también dirigieran los ingresos petroleros de los países de Oriente Medio y de la Unión Soviética a estas cuentas de "eurodólarespetrodólares". Ya desde 1958, 1,000 millones de dólares fluyeron de depósitos en bancos estadounidenses hacia el mercado de eurodólares.

Para mediados de la década de los sesenta, el flujo había alcanzado los $60,000 millones, es decir, casi el equivalente a 10% del producto interno bruto de USA. Esto fue lo que dio inicio al "retorno" de Londres como lo que de nuevo es hoy en día: el centro financiero imperial y dominante del mundo. Londres es el líder mundial en el intercambio de divisas extranjeras, préstamos bancarios transfronterizos, intercambio de listados de empresas y, por mucho, de la emisión de derivados financieros. Las cuentas en eurodólares tenían las elevadas tasas de interés y los propósitos especulativos *offshore* de lo que desde entonces se ha denominado estrategia "*carry trade*" o "bicicleta financier.

En particular porque hacia 1960 todos los países europeos modificaron sus divisas para que fueran de libre convertibilidad hacia los dólares, el mercado de eurodólares envió progresivamente el suministro de dinero estadounidense hacia cuentas *offshore* y le quitó al Tesoro el control que tenía sobre la creación de su propia divisa. Para 1980, aproximadamente 80% de los dólares estadounidenses estaban circulando y siendo creados de forma efectiva fuera de la economía de Estados Unidos.

El petrodólar remplazó al dólar estadounidense. Las tasas de interés de USA y otras tasas nacionales "*prime*" fueron remplazadas en este proceso por las tasas interbancarias ofrecidas por Londres o libor, que dominaron de inmediato. Ahora se sabe que estas tasas fueron amañadas de formas sistemáticas y establecidas diariamente por la Asociación Bancaria Británica. Y así fue como las regulaciones bancarias estadounidenses desaparecieron.

En 1963, James Keogh, un director del Bank of England dijo que no le importa si Citibank está evadiendo las regulaciones estadounidenses en Londres. Y estos dólares *offshore*, bajo la forma de préstamos en eurodólares con intereses elevados, sindicados por los bancos de Londres y de Wall Street, empezaron a usarse para remplazar a las plantas de producción manufactureras e industriales estadounidenses y europeas con sustitutos en países con salarios muchísimo, muchísimo más bajos. Fue Kennedy contra Londres y Wall Street. A medida que avanzó este proceso a finales de los sesenta, y luego en los setenta, se desencadenó la inflación en USA y las tasas de interés levantaron el vuelo. El colapso amenazó la fijación de la reserva dólaroro, fundamental para el Sistema Bretton Woods.

Los grandes bancos de Wall Street siguieron sus cuentas a la City de Londres y ahí abrieron ramas *offshore* con las que evadieron los límites de la especulación de valores de la ley GlassSteagall. El último presidente que trató de evitar esta descomunal exportación especulativa de divisa estadounidense fue JFK.

El presidente Nixon convirtió la pérdida de la administración estadounidense del dólar en una inundación incontrolable. El punto de inflexión de esta devolución llegó en 1972, inmediatamente después de que Nixon fuera obligado por los británicos y por George Shultz, su Secretario del Tesoro, a destruir el sistema Bretton Woods de Roosevelt. Entonces, USA permitió que el dólar flotara de forma especulativa contra el oro y otras divisas. Las acciones de Nixon y de Shultz desencadenaron una explosión en los mercados *offshore* para las cuentas en dólares estadounidenses: los mercados del eurodólar/petrodólar.

Con esto, hemos llegado al final de la Primera Temporada de los Albores del Imperio. En estos 50 episodios, hemos hablado del mundo de las drogas, la gran banca y capital financiero que lo controla, el mercado del lavado del dinero, de los criptos, de la CIA y de las estructuras cerrados del poder, de la familia Bush y sus vínculos con el mundo oscuro y siniestro, de los medios de masa y del complejo militar industrial que lo controla, de los golpes de estado, de la guerra hibrida y las técnicas modernas de los desmontajes de los países, del Consenso de Washington, de liberalismo, conservadurismo, estalinismo y su modelo económico de dos contornos, de la trampa de dolarización de las economías, del sinarquismo y de los proyectos globales y la sociedad neofeudal, del futuro post crisis, de America Latina como el faro de la reconquista planetaria post crisis, y de tantas, tantísimas otras cosas. En unas semanas volveremos con la segunda temporada. Por ahora, os quiero recordar que ganaremos la guerra cuando el poder del amor supera el amor al poder.

En nombre de los Albores del Imperio, soy Daniel Estulin. Gracias y hasta pronto.